# TABLEAU

POLITIQUE

# DE L'EUROPE.

# TABLEAU

## POLITIQUE

## DE L'EUROPE,

### DEPUIS LA RÉVOLUTION FRANÇAISE;

Suivi d'un abrégé de l'histoire de France, depuis 1787, jusqu'à présent.

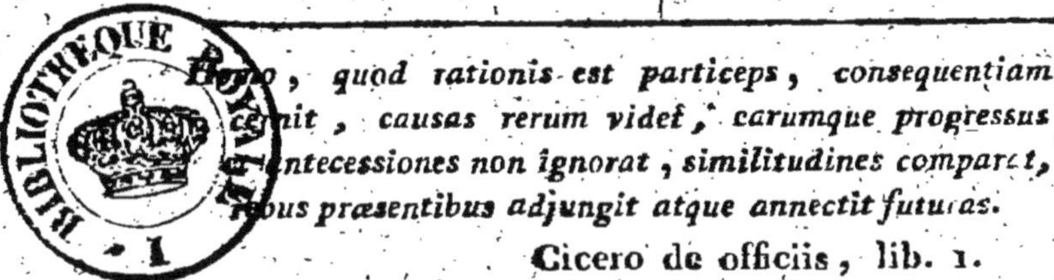

*Homo, quod rationis est particeps, consequentiam cernit, causas rerum videt, earumque progressus antecessiones non ignorat, similitudines comparat, rebus præsentibus adjungit atque annectit futuras.*

Cicero de officiis, lib. 1.

*par le Comte d'Hautefort*

## A PARIS,

Chez

BOULARD, Imprimeur-Libraire, petite rue Louis-Honoré.

DESENNE, Libraire, Palais Égalité, vis-à-vis les Galeries de bois.

AUBRY, Libraire, quai des Augustins.

PLASSAIT et VIGNON, Libraires, rue de la Barillerie.

LEBOUR, Libraire, Palais Égalité, Galerie de bois, n°. 229.

Et chez les Marchands de Nouveautés.

## AN VI.

# ERRATA.

Page 58 , ligne 10 , supprimez le mot *seul.*
Même page , ligne 21 , *reprocha*, lisez *reprochera.*

M ES idées, sur la révolution qui a détruit le Gouvernement monarchique en France, et mes opinions sur les effets qu'elle a produits et menace de produire dans l'Europe et dans l'Univers, ne seront point accueillis par les mécontens qui regrettent ce qu'ils ont perdu, ou ce qu'ils n'ont pas gagné.

Les royalistes de toute espèce verront avec peine le tableau que je trace du bien que la liberté a déjà fait à la France. Les anarchistes, de toutes livrées, s'indigneront de mon audace à dévoiler le spectre ensanglanté que des despotes farouches avoient consacré sous le nom de liberté ou la mort, en lui donnant pour prêtres des boureaux, pour adorateurs des victimes, et la guillotine pour autel.

La Cour de Robespierre n'étoit pas plus républicaine que celle de Louis XVI, et les panégiristes du code anarchiste de 1793 sont aussi peu patriotes que les ennemis de la constitution de l'an 3.

Ce n'est donc pas pour eux que j'écris.

Ce n'est pas non plus pour les seuls amis du Gouvernement.

C'est encore pour ceux, qui, ayant souffert les maux inséparables d'une longue agitation, ont besoin d'adoucir leurs regrets par l'espérance qui console, et par la perspective de l'avenir qui guérit.

C'est pour la génération future qui jouira, et à laquelle

*l'histoire seule retracera les déplorables troubles dont ses pères furent trop long-tems agités.*

*C'est pour les étrangers qui, ne pouvant se cacher à quel point la France est puissante au-dehors, ne savent pas encore assez combien elle a de moyens d'être calme, et florissante au-dedans.*

*C'est pour le peuple français qui n'exercera jamais pleinement sa souveraineté qu'en faisant lui-même ses choix, qu'en repoussant toute intrigue et toute suggestion.*

C'est pour les représentans de ce peuple, à qui il a fallu pour devenir libre beaucoup de loix de circonstances, et à qui il faut, pour rester libre, peu de loix, et des loix pour des siècles.

C'est pour le Gouvernement dont le pouvoir affermi n'exige plus une action aussi énergique, et permet d'y joindre la douce persuasion de l'évidence et de l'amour.

C'est enfin pour les philosophes de tous les pays, qui savent

Que le mécontentement, né d'un long esclavage, prépare les révolutions;

Que l'esprit révolutionnaire les commence, mais empêche quelquefois de les terminer;

Que c'est cet esprit qui proclame les républiques, mais que les proclamer n'est pas encore les établir;

Qu'une république qui se constitue, n'ayant plus le Gouvernement qu'elle a détruit, et n'ayant pas encore celui qu'elle veut se donner, est en état de révolution;

*Que cet état cesse, sitôt qu'elle a une constitution, parce qu'où la constitution commence, la révolution doit finir;*

*Que la liberté n'existe qu'appuyée sur un Gouvernement sage;*

*Que ce Gouvernement sage sans lequel il n'y a ni liberté, ni république, n'est établi en France que par, et depuis la constitution de l'an 3 ;*

*Qu'enfin tous les maux auxquels la France a si heureusement échappé étoient le résultat de la licence qu'on prenoit*

pour la liberté ; et que tous les biens dont elle jouit, et peut espérer de jouir, elle les doit à la liberté qui s'asseoit sur les débris des révolutions, comme sur ceux des trônes, et qui ne permet pas plus de recommencer les troubles que de rappeler les rois.

INTRODUCTION.

# INTRODUCTION.

Depuis un demi - siècle, la situation politique des puissances Européennes, et leurs rapports entr'elles ont tellement changé, que les meilleurs ouvrages sur cette matière, ne sont plus que des monumens historiques, uti-les pour celui qui veut connoître le passé, mais insuffisans pour celui qui cherche à s'instruire du présent, et à s'éclairer sur l'avenir.

La Russie tirée du néant par Pierre premier qui y créa tout, mais rallentie dans ses progrès sous le règne foible d'Elisabeth, avoit repris un nouvel éclat par ses victoires sur les Turcs, et sa paix glorieuse avec cet Empire, que la France ( 1 ) s'applaudissoit d'avoir armé contre Catherine, tandis que la politique du Duc de Choiseul n'avoit réussi qu'à montrer à cette Princesse le chemin de Constantinople.

La Prusse élevée par le plus sage des rois et le plus grand des généraux, au rang des premières puissances, présentoit à la maison d'Autriche une rivale formidable, et offroit au corps Germanique une protection imposante et qui pouvoit même devenir dangereuse ( 2 ).

La maison d'Autriche enrichie d'une petite partie des dépouilles de la Pologne (3), et sûre d'en obtenir encore une portion quelconque, lorsqu'on en acheveroit le démembrement total, venoit d'être arrêtée, par le génie de Frédéric, dans le développement prématuré des projets qu'elle réalisera un jour sur la Bavière.

L'Angleterre parvenue au plus haut point de grandeur et de prospérité, voyoit affluer dans son Isle, l'or et les productions des deux Mondes.

La France avilie par la guerre de 1757, plus avilie encore par la paix de 1763, commençoit à reprendre son rang parmi les puissances, lorsqu'une révolution pour le succès de laquelle les peuples pouvoient faire des vœux, mais qu'on ne devoit pas s'attendre à voir soutenir par des Rois ( 4 ), vint donner une grande leçon aux Princes, offrir un grand exemple aux nations , et présenter au commerce et à la politique l'apparence de beaucoup plus de changemens qu'elle n'en a produits.

A cette révolution , a bientôt succédé celle qui dévora la France pendant huit ans : ses contemporains ne sauroient en écrire l'histoire , la postérité n'en connoîtra bien que les résultats , ses chefs en ont été successivement les victimes, ceux qui lui ont donné la première impulsion n'en prévoyoient , ni n'en desiroient les développemens ; les hommes n'y ont, ni préparé , ni maîtrisé , ni saisi les évènemens ; mieux conduite elle devoit s'étendre sur toute la surface de l'Europe ; mais quels qu'en soient le terme et les suites , son influence agira long-tems sur le sort des peuples et sur la politique des Souverains.

# TABLEAU
## POLITIQUE
## DE L'EUROPE.

---

## DE LA FRANCE.

Les rapports politiques de la République Française, avec les autres puissances, ne sont point encore établis sur des bases assez solides, pour qu'on ose les discuter ou les peindre.

A peine en paix avec l'Empereur, et toujours en guerre avec l'Angleterre, sans qu'on puisse prévoir quel en sera le terme; alliée avec la Hollande qu'elle protége, et qui ne peut la servir; coalisée avec l'Espagne qu'elle sera peutêtre obligée de défendre, au lieu d'en recevoir des secours efficaces, et dont les possessions dans le Nouveau-Monde, peuvent offrir aux Anglais un poids bien important dans la balance des compensations ; inquiette sur les dispositions des neutres, et devant l'être sur celles des princes qu'elle a forcés à recevoir la paix ; la France a jusqu'ici inspiré à l'Europe plus de terreur que de confiance, et les liaisons politiques que la terreur a formées, ne subsistent pas long-tems, quand la crainte s'évanouit ou que le danger cesse.

Mais, si les relations extérieures de la France ne sont encore que précaires et indéterminées, le tableau de sa situation intérieure, quelles que soient les agitations auxquelles elle n'a cessé d'être livrée, peut être tracé avec quelque précision, par l'observateur impartial que l'esprit de parti n'égarera pas.

La richesse d'une nation se compose de la fertilité de son sol, de la juste proportion entre la population que ce sol doit nourrir, et l'étendue des champs qu'il offre à la culture ; de la quantité de numéraire ou de signes invariablement représentatifs du numéraire qui y circulent ; de l'étendue de son commerce, du bon état de ses grands chemins et de ses canaux ; de l'industrie de ses habitans ; de la perfection où y est portée l'agriculture ; de l'économie enfin avec laquelle sont administrées ses recettes et ses dépenses.

La gloire militaire d'une nation consiste dans l'éclat et l'étendue de ses conquêtes lorsqu'elle triomphe, et dans l'appareil imposant de ses moyens de défense, si la victoire l'abandonne ; dans le nombre et le courage de ses soldats, dans l'opinion qu'elle a su inspirer d'elle à ses ennemis.

La prospérité d'une nation, résulte de la sagesse de ses loix, de la solidité de son gouvernement, de la pureté de ses mœurs, de la liberté enfin dont elle jouit, et qui seule mérite cet auguste nom, celle qui protége toutes les propriétés et prohibe toutes les invasions.

La fertilité du sol de la France la met au rang des contrées les plus fécondes.

Sa population, quelque diminuée qu'elle soit, par la plus sanglante des guerres, et par la tyrannie la plus dévastatrice, étoit tellement surabondante, à l'époque de la révolution, que les pertes qu'elle a essuyées, n'auront que des effets peu sensibles.

Il est, sans doute, sorti de France une masse considérable de numéraire, mais il y en est aussi certainement beaucoup rentré. La circulation ne fait que de renaître, et son activité doit surprendre l'observateur ( 5 ) le plus exercé. Le prix des denrées est bien loin d'indiquer la pénurie de l'espèce, et l'usure énorme contre laquelle on s'élève avec raison, est plutôt la suite du délire commercial, qui s'est emparé de toutes les têtes , que de la rareté de l'argent.

Enfin le numéraire enfoui par le capitaliste tremblant , qui craignoit de le faire voir , et le fermier avide et gorgé d'assignats , (6) qui n'avoit pas besoin de le dépenser, reparoîtra aussi-tôt que la paix anra calmé les terreurs de l'un et réveillé la cupidité de l'autre.

Un nouveau papier-monnoie forcé est devenu impossible à faire admettre. Quand le délire l'inventeroit, quand la guillotine le soutiendroit, la peur même ne le recevroit pas.

Il n'y a rien à dire de l'étendue du commerce de la France , jusqu'à ce que la paix amène les moyens de lui rendre son activité ( 7 ). Ces moyens existent, si elle vient bientôt sécher les pleurs de l'humanité ; ils s'évanouiront sans retour , si le fléau de la guerre se prolonge et s'appésantit. Ce n'est encore qu'à la paix que les grands chemins reparés , les canaux entretenus et mul-

tipliés , vivifieront le commerce intérieur , trop souvent négligé et sacrifié
au commerce extérieur , dont le brillant éblouit et ferme les yeux sur les
avantages solides et inappréciables de
l'autre (8).

Les Français ont de tout tems été le
peuple le plus industrieux de l'Europe.
Depuis six ans, les circonstances ont
donné à cette faculté, une extension pro-
portionnée au besoin que chacun a eu
de gagner.

Loin d'être anéantie ou même dété-
riorée en France , l'agriculture y est
florissante , par - tout où les fureurs
inouies d'une guerre , qu'on ne sauroit
même nommer civile , n'ont pas dévoré
les hommes, et englouti jusqu'au sol.
Les moissons ont été abondantes , de
vastes troupeaux ont couvert et fécondé
les campagnes , le nombre des petits
propriétaires , infiniment multiplié, a
porté la culture dans les champs arides,
et doublé la fertilité dans ceux qui

n'avoient encore produit que des ré-
coltes médiocres.

L'économie dans l'administration des
recettes et dépenses ne sauroit avoir
lieu dans les tems de troubles et de
guerre. Les moyens de l'établir existent, ils attendent la paix, et un gouvernement sage et ferme.

Rassasiée de gloire militaire, la
France doit au moins tirer de cette
guerre un avantage ; celui d'avoir appris aux rois qu'il n'est pas plus facile
de la démembrer que de l'asservir.

Il n'est pas tems encore de parler des
loix et du gouvernement ; les loix ne
sont pas faites, le gouvernement est
à peine organisé. Mais quel moment
plus favorable pour les dépositaires des
deux pouvoirs, que celui où la lassi-
tude générale, le souvenir des maux,
l'espérance des biens, le besoin du repos, l'habitude de tout souffrir, qui
dispose à tout accepter ; enfin la force
irrésistible qui tend à ramener l'ordre

et le calme , préparent aux arbitres du sort de la France, l'assentiment général du peuple , s'ils lui présentent des loix vraiment protectrices de toutes les propriétés , et un gouvernement à qui rien ne puisse résister que la loi. Ce grand ouvrage ne peut être consommé qu'à la paix.

Les ressources de la France sont immenses, mais elles ne sont pas inépuisables. Ses ressorts fatigués , sans être usés, ne sont pas indestructibles; elle a encore de grands moyens , mais il est tems de les ménager. Malheur aux législateurs qui s'occuperoient plus de discussions que de loix ! malheur aux dépositaires du pouvoir exécutif, s'ils agitoient la nation, au lieu de la gouverner ! malheur au peuple Français s'il oublie jamais que l'anarchie appelle le despotisme, et qu'où il n'y a point d'hiérarchie de pouvoir et d'obéissance aveugle (9) aux loix, il n'y a point de liberté.

DE

# DE LA HOLLANDE.

Dépouillée de ses plus belles Colonies, ruinée dans son commerce, privée d'une partie de ses places fortes; resserrée dans un territoire exigu et infertile, la République Batave n'a d'autres liaisons politiques, que celles que la République Française lui permet ou lui prescrit ; d'autre existence que celle qu'elle lui assure ; d'autre marche que celle où elle l'entraîne, comme le Satellite que sa planète emporte. Elle ne paye plus un Stathouder, et solde vingt-cinq mille hommes de troupes Françaises.

# DE L'ANGLETERRE.

La paix de 1763 avoit porté l'Angleterre au plus haut degré de puissance; son influence sur le Continent, maîtrisoit, dirigeoit ou embarrassoit tous les Cabinets de l'Europe ; son commerce

par-tout florissant , rendoit l'Univers
tributaire de ses manufactures , et for-
moit pour sa marine royale des matelots aussi nombreux qu'habiles, lorsque
l'insurrection de ses Colonies d'Amérique et la coalition des trois plus grandes
puissances maritimes , vinrent menacer
de détruire ses flottes , son commerce ,
et ses finances. Cette guerre , infiniment glorieuse pour elle , par les efforts
qu'elle fit et par ceux qu'elle repoussa ,
finit plus promptement qu'on ne devoit
s'y attendre , par une paix solide pour
l'Amérique , qui vit reconnoître sa liberté pour laquelle elle avoit combattu;
glorieuse pour la France , qui remplit le
but , qui lui avoit fait prendre les armes ; utile pour l'Espagne qui ne rendit
point Mahon , et regagna la Floride ;
et point du tout humiliante pour la nation Anglaise qui avoit étonné l'Europe , et s'étonnoit peut-être elle-même
de l'immensité de ses ressources , et
du prodigieux développement de ses

moyens ; l'Amérique fut libre , il est vrai , mais ses liaisons de commerce avec l'Angleterre redoublèrent d'acti-vité ; ses vaisseaux affluèrent de préfé-rence dans les ports qu'ils étoient ha-bitués à fréquenter ; et la mère patrie n'ayant plus à payer l'entretien très-dis-pendieux des Colonies qui venoient de se détacher d'elle , continua à en tirer les mêmes profits , ou plutôt les vit s'augmenter en raison du luxe et des besoins d'une nation nouvellement in-dépendante, où la population et les richesses faisoient et font encore les progrès les plus rapides.

Le traité de commerce avec la Fran-ce , ( 10 ) assuroit aux manufactures Anglaises une supériorité qui ne devoit plus trouver de concurrens ; les plans sages du ministre promettoient une diminution graduelle de la dette publi-que ; les dispositions des Cours de l'Eu-rope faisoient espérer une paix durable ;

mais la France commençoit à s'agiter , et bientôt elle fut en pleine révolution.

Quelle qu'ait été l'influence de l'Angleterre , sur les troubles qui précédèrent et amenèrent les grands évènemens de 1789 , quelque part qu'elle ait eu secrètement , dans ceux qui les ont suivis , elle ne se joignit aux ennemis de la France , qu'après le renversement du trône : vouloit-elle efficacement le relever ? Les puissances avec lesquelles elle se coalisoit , combattoient - elles pour le rétablissement de la monarchie dans son intégrité ? C'est ce dont la conduite de la guerre permet de douter. Et , si le siége de Dunkerque , cette première cause des revers des coalisés , ne prouve pas péremptoirement un traité de partage , elle indique au moins que le prince , pour lequel on avoit pris les armes , auroit payé par de grands sacrifices les secours qu'on lui accordoit.

Sans les possessions inapréciables que la Hollande a semblé plutôt offrir que défendre, la guerre présente eût été vraiment désastreuse pour l'Angleterre ; ses trésors et ses soldats se perdoient dans le Continent ; ses succès maritimes étoient loin de répondre à l'appareil imposant de ses forces navales ; son commerce mal protégé , son numéraire s'écoulant de toutes parts , ses Colonies troublées par les Nègres , et inquiétées par les Français , qui , sans forces navales , et presque sans troupes , avoient su reprendre la Guadeloupe , et menacer la Barbade et Saint-Vincent ; l'expédition mal combinée et plus mal soutenue de Toulon , la prise de possession de la Corse , pour l'abandonner ensuite ; tout cela pouvoit amener , non une révolution (11) et une banqueroute (12) , comme des aventuriers le persuadoient au gouvernement Français , mais un mécontentement dangereux pour les ministres, et un grand accroissement de force et de moyens pour le parti de l'opposition.

Le vœu d'une partie de la nation commençoit en effet à se prononcer pour la paix, lorsque le Cap de Bonne - Espérance, les Isles à épiceries, et l'Empire de l'Inde assurés aux négocians, l'or du Méxique et les dépouilles Espagnoles offertes aux matelots; enfin, l'insurrection, l'invasion et la ruine des propriétaires, proclamées avec éclat, ont popularisé la guerre et donné au ministre plus de moyens qu'il n'avoit lui - même osé en espérer.

Quelques soient l'époque et les conditions de la paix, si l'Angleterre repousse l'invasion, et soutient son crédit, elle redonnera à ses anciennes liaisons avec le Continent toute leur activité.

Constante alliée de la maison d'Autriche, elle favorisera les prétentions du Cabinet de Vienne et en dirigera les démarches. Elle secondera les vues de la Russie, contrariera celles de la Prusse, aura de l'influence sur le Dannemarck, et ne conservera que de foibles rapports avec la Suède. Le Portugal continuera de recueillir pour elle l'or du Brésil ; et quelque soit le sort de l'Italie, les productions des manufactures Anglaises y seront toujours recherchées.

Et si quelque jour la Grande - Bretagne doit voir son commerce et sa puissance maritime perdre de leur splendeur, ce sera par une suite des grands évènemens qui se préparent dans les Colonies ; par l'effet même de l'étendue de son empire dans l'Inde, où un gouverneur ambitieux peut chercher à se rendre indépendant ; ce sera enfin par le résultat des hautes destinées auxquelles est appelée l'Amérique ; et non par une coalition (13) entre les puissances maritimes de l'Europe ; croisade

chimérique si l'on veut la rendre générale, et dont un gouvernement sage
ne doit admettre qu'avec réserve les
plans ; dont la réussite exige qu'ils ne
soient pas trop étendus.

## DU DANNEMARCK.

EXEMPLE unique, après de longues
agitations d'un gouvernement légale-
ment despotique, le Dannemarck jouit
depuis long-tems d'une paix profonde,
est régi par une administration sage,
encourage le commerce, et le fait jouir
de tous les avantages d'une exacte neutralité ; entretient avec soin une bonne
marine militaire, et conserve avec dignité son rang parmi les puissances
du Nord, malgré l'influence impérieuse
de la Russie, qu'il est forcé de ménager, mais aux volontés de laquelle il
sait quelquefois opposer de la résistance.
Ses troupes suffisantes pour sa défense,
sont bien entretenues ; ses finances ne

sont point en mauvais état; ses rapports politiques ne sont guères que des relations de commerce, et ses négociations que des traités de neutralité. Il n'a réellement à redouter que la puissance Russe, et tant qu'il ne contrariera pas trop ouvertement ses vues, il n'est pas probable qu'elle songe à troubler sa tranquillité.

## DE LA SUÈDE.

Long-tems asservie à des despotes farouches et sanguinaires, agitée ensuite par des querelles religieuses, tirée de l'esclavage par Gustave Vasa, comblée de gloire, et enrichie des dépouilles de l'Allemagne sous Gustave Adolphe, triomphante et malheureuse pendant les succès de Charles XII, dévastée et ruinée après ses revers, constamment troublée depuis par des factions, dont l'or et l'intrigue des Cours étrangères dirigeoient les mouvemens; la Suède ne peut pas se flatter encore, d'avoir un gouvernement solidement établi. La révolution, opérée par Gustave, a triomphé du parti qui lui étoit opposé, mais ne l'a pas détruit. Les vues d'administration de ce Prince, ont sans cesse été contrariées ; la trahison a arrêté la marche de ses flottes et de ses soldats, lorsqu'une double victoire prête à couronner son audace ou plutôt sa témérité, le conduisoit triomphant dans Pétersbourg (14), l'assassinat enfin a terminé des jours, que le fer des ennemis avoit respectés. Si le parti contraire à Gustave ne s'est pas totalement relevé à sa mort, au moins le régent l'a-t-il ménagé pour ne rien dire de plus, et l'administration de ce Prince, loin d'être dirigée par les plans de son frère, n'a presque suivi aucunes de ses vues, ni employé aucuns de ses ministres. Il n'est pas tems de juger le jeune roi. Il semble essayer ses forces, annoncer du caractère, et vouloir régner.

Mais les factions ne sont pas éteintes , les mécontens sont nombreux , les systêmes désorganisateurs ont des prosélytes actifs. La Russie veut reprendre son influence , la France doit chercher à ne pas perdre la sienne ; le ministre Anglais ne négligera sans doute aucun moyen d'appuyer les intrigues de son alliée , et de déconcerter celles de son ennemie.

Cependant la Suède fera certainement tous ses efforts pour conserver la neutralité, dont son commerce retire de si grands profits.

Ses forces navales sont respectables , et les Russes ont appris dans la dernière guerre qu'elles pouvoient lutter contre les leurs , et que la supériorité du nombre ne les effrayoit pas. Ses troupes de terre sont bien disciplinées , et méritent la réputation de bravoure dont elles jouissent.

Son commerce déjà florissant avant cette guerre, a profité des moyens qu'elle lui a offerts pour développer une grande activité.

Le feu roi n'avoit pas laissé les finances en bon état. Le régent s'est occupé de les améliorer , mais elles sont encore loin d'être entièrement rétablies.

Les relations extérieures de la Suède, ont plutôt pour objet des intérêts commerciaux , que des liaisons politiques. Comme le Danemarck, elle entretient en qualité de membre du Corps Germanique, un ministre à la Diète de Ratisbonne , mais sans prendre ordinairement une part active aux guerres dans lesquelles l'Empire est entraîné.

La puissance vraiment redoutable pour elle , c'est la Russie. Jalouse de dominer dans la Baltique , habituée à entretenir à Stockolm des ministres destinés plutôt à dicter la loi , qu'à suivre des négociations ; dirigeant sans cesse par ses agens, le parti opposé au roi ; fière de la supériorité de ses forces

et de ses moyens , la Cour de Pétersbourg voudra toujours tenir celle de
Suède dans une sorte de dépendance ,
à laquelle celle-ci ne pourra jamais se
se soustraire entiérement.

## DE LA RUSSIE.

Depuis la mort de Pierre-le-Grand ,
des révolutions , ou plutôt des intrigues
de Cour , ont successivement renversé
du trône ses légitimes héritiers et ceux
qui les avoient remplacés. Mais ses
plans n'en ont pas moins été suivis, et
l'Empire qu'il avoit créé , constamment gouverné d'après ses vues , a
sur-tout, sous le règne de Catherine ,
réalisé les projets d'agrandissement et
de conquête, que le génie de Pierre
avoit formés.

Le nouvel Empereur achevera-t-il
l'ouvrage de sa mère ? Ira-t-il élever à
Constantinople sur les débris de la puissance Ottomane , un nouvel Empire

Grec? Voudra-t-il s'étendant en Pologne, s'approcher de plus en plus de l'Allemagne, et y rendre son influence prépondérante : ou, content de ses États déjà trop vastes, cherchera-t-il à y perfectionner des établissemens plus fastueux qu'utiles ; à faire fleurir l'agriculture dans de belles provinces qui n'attendent que des bras pour se couvrir de moissons ; à rapprocher enfin, autant qu'il sera possible, les peuplades éparses qui errent dans l'immense étendue de son Empire. Les circonstances sont telles, qu'il peut à son gré, entreprendre de repousser les Turcs en Asie, d'inquièter l'Allemagne ou de pacifier l'Europe, pour se livrer ensuite tout entier aux soins du gouvernement intérieur ; le tems nous apprendra, si l'ambition ou l'amour d'une gloire solide dirigera son choix.

L'ordre à rétablir dans les finances doit appeler ses premières sollicitudes. Par-tout où il existe un papier-monnoye qui perd , le crédit public est en danger.

Il y a peu de changement à faire dans l'organisation de l'armée , il y a beaucoup d'abus à réformer dans son administration économique, et sur-tout dans celle de la cavalerie , que l'on pourroit entretenir avec moins de dépense.

Guerrier , ou pacifique , l'Empereur doit suivre, sans s'en écarter, les relations extérieures entretenues par sa mère ; l'alliance de l'Angleterre lui est nécessaire pour conserver sa prépondérance dans le Nord ; celle de la maison d'Autriche lui est également utile , pour inquiéter les Turcs , et contenir le roi de Prusse , trop voisin de ses États , pour n'être pas son ennemi naturel , toutes les fois que les circonstances lui permettront de l'attaquer , avec quelqu'espérance de succès.

La Russie n'a jamais perdu de vue le desir d'avoir une grande influence sur le Corps Germanique ; elle en défendra donc les intérêts et les droits, sinon par les armes, au moins par tous les moyens que la politique lui fournira.

Ses relations dans le midi n'ont guères d'autre objet, que celui de son commerce encore bien languissant. Avant qu'elle possédât la Crimée, il lui falloit des ports en Italie pour recevoir ses flottes. Maîtresse aujourd'hui de la mer Noire, ce ne pourroit être que par ostentation qu'elle feroit passer des escadres dans la Méditerranée.

Si la puissance Russe chasse un jour de l'Europe les Ottomans, elle se divisera nécessairement en deux Empires ; celui dont le siége s'établira à Constantinople, est appelé par la nature à devenir également florissant au dedans, et formidable au dehors. Celui qui conservera Pétersbourg pour capitale, retombera peut-être dans la barbarie, ou plutôt deviendra conquérant, non pour

augmenter

augmenter ses États encore trop vastes quoique réduits, mais pour acquérir des provinces plus fertiles, et s'étendre vers des climats moins glacés.

Mais que seroit-ce, si les deux branches d'une même maison régnante à Constantinople et à Pétersbourg, s'unissoient d'intérêt et d'ambition, pour combiner avec sagesse, et suivre avec persévérance, les projets que leur situation leur permettroit de former? Que deviendroit l'Europe comprimée entre les maîtres du Nord, et les dominateurs de l'Orient et du Midi?

## DE LA PRUSSE.

A peine comptée au nombre des puissances, avant le grand Frédéric, la Prusse étoit devenue sous ce monarque et la rivale de la maison d'Autriche, et l'appui du Corps-Germanique contre l'ambition de l'Empereur ; ses liaisons avec la France étoient de nature à se resserrer de plus en plus, lorsque le traité de Versailles vint déranger toutes les combinaisons politiques, et allumer la guerre la plus sanglante, pendant laquelle Frédéric, tantôt aux portes de Vienne, et tantôt chassé de sa capitale, se vit plus d'une fois au moment de succomber ; mais qu'il termina enfin, après avoir résisté aux efforts des plus grandes puissances de l'Europe, par une paix glorieuse, dont les conditions rendirent son existence politique, plus brillante et plus solide encore qu'elle ne l'étoit avant les hostilités.

La petite guerre de Bavière acheva de lui assurer la reconnoissance de l'Allemagne, dont il s'étoit montré le protecteur ; et, si la France ne renoua pas tout-à-fait avec lui, au moins ne contraria-t-elle pas ouvertement ses vues.

Son successeur a trouvé, en montant sur le trône, des trésors immenses, et la plus belle armée de l'Europe ; mais ces trésors sont dissipés , au moins en grande partie , et les campagnes de Châlons et de Varsovie ne ressemblent pas à celles des soldats de Frédéric.

Protecteur de l'insurrection des Liégeois , qu'il s'est ensuite chargé de réprimer ; allié secret des Belges auxquels il envoyoit des généraux et qu'il a ensuite abandonnés ; servant avec un zèle qui alloit jusqu'à l'imprudence, les projets de l'Empereur contre la France , et se détachant bientôt de la coalition pour livrer une portion de ses États à la République Française ; se proclamant le défenseur d'une partie de l'Allemagne, en même tems qu'il cherchiot à s'emparer dans l'autre de tout ce qui lui convenoient ; le feu roi de Prusse n'a eu de liaisons politiques que celles du moment , et de systême que celui de profiter des circonstances : systême qui, malgré ses dangers , peut servir à créer une puissance , mais non pas à l'affer-

mir; parce qu'il fait des ennemis im-
placables, et qu'il ne donne que des
alliés défians. L'instant approche où l'on
verra, si son jeune successeur signalera
son avènement au trône par l'anéantissement de la constitution Germanique (18). Mais, s'il y réussit, le tems
n'est pas éloigné, où ce qu'il aura cru
l'agrandissement de sa puissance en sera
la ruine (19). La population de ses États
n'est pas assez nombreuse pour lui fournir des recrues nationales; ses finances
ne lui permettent pas d'exécuter de vastes
projets; son commerce n'est et ne sera
jamais que très-précaire; ses conquêtes
en Pologne sont encore mal assurées;
ses provinces, excepté la Silésie, sont
ouvertes de tous côtés; ses voisins sont
plus puissans que lui; son armée enfin,
que le grand Frédéric regardoit comme
l'atlas de la monarchie Prussienne, n'est
plus celle qui soutenoit ce brillant far-
deau, sous le monarque dont le génie
a cessé de l'animer.

## DE LA MAISON D'AUTRICHE.

DEPUIS Charles-Quint, qui auroit subjugué l'Europe, si ses finances avoient été en équilibre avec ses projets, la maison d'Autriche n'a entrepris ou soutenu aucune guerre, qui ne lui ait enlevé quelque portion de ses vastes États ; elle n'a conclu aucun mariage, qui ne lui ait donné ou promis quelque province. En général ses ministres ont été médiocres ; mais, les maximes de son Cabinet n'ayant jamais changé, ses desseins et sa conduite ont été constamment suivis et soutenus. Le traité de Versailles (20), d'après lequel elle sembla changer de plan comme d'alliés, n'a été pour elle qu'un moyen d'arriver au même but par des voyes différentes. Loin d'abandonner son systême invariable, celui d'abaisser la France, elle n'en a recherché l'alliance, que parce qu'elle a trouvé plus d'intérêt et de facilités à la gouverner qu'à la combattre.

La nouvelle maison d'Autriche, sans abandonner les vues de l'ancienne, les a modifiées ; n'ayant presque plus rien à redouter des Ottomans, peu inquiète sur les prétentions du Corps Évangélique, rassurée sur la crainte de voir la dignité impériale lui échapper, certaine d'obtenir l'or de l'Angleterre, aussi-tôt que la France lui refuseroit ses soldats, ou les tourneroit contr'elle ; elle n'avoit qu'à ménager la Russie, contenir la Prusse, partager la Pologne, et elle a fait tout cela.

Marie-Thérèse qui commençoit à s'appercevoir que les Pays - Bas ne valoient pas ce qu'ils coûtoient, les avoit à-peu-près offerts, pour l'Infant Don Philippe.

Plus éclairé qu'elle, et moins esclave des préjugés de sa maison (21), Joseph désespérant de réussir à l'échange de la

Belgique contre la Bavière, en détruisit toutes les forteresses. Prévoyait-il que la facilité de conquérir ce beau pays, et l'envie de le conserver, porteroit un jour la France à le payer, par des compensations qu'il osoit peut-être desirer, mais que certainement il n'espéroit pas alors.

La guerre présente a donné à la maison d'Autriche, le secret de ses forces, qu'elle ne connoissoit pas ; elle l'a rendue à ses liaisons naturelles, qu'elle conservera, quand même la France, qui paroît aujourd'hui lui offrir plus d'avantages (22), qu'elle ne lui a fait de mal, la forceroit ou l'engageroit à s'allier avec elle. Cultivant dans le silence ses véritables rapports, le Cabinet de Vienne, docile en apparence, aux impressions de celui du Luxembourg, se servira de lui, et ne le servira pas.

Les rivages de l'Adriatique sont une acquisition bien précieuse, pour une puissance qui veut devenir commerçante. Les plaines d'Italie cultivées par des bras nouvellement républicains, qui changeront peut-être bientôt en piques le fer des charrues, présentent une perspective bien attrayante au Prince qui ne les a pas cédées, sans quelqu'espoir d'y rentrer.

## DU CORPS GERMANIQUE.

Au milieu des négociations et des armemens, le Corps Germanique (23) attend sa destinée : quelle qu'elle soit, il n'est pas douteux que les petits Princes ne payent les frais d'une guerre, à la fin de laquelle ils seront sacrifiés, comme cela arrive dans toutes les paix.

Si les Électorats Ecclésiastiques échappent, à l'ambition qui les convoite, à la politique qui les destine à servir de dédommagemens, à l'esprit du siècle qui se croit philosophe, parce qu'il offre à l'avidité les dépouilles de la foiblesse ; si, dis-je, les Électorats Ecclésiastiques survivent à la paix, ce ne sera pas pour long-tems.

L'existence des petits Princes ne paroît pas non plus bien assurée. Si la prépondérance des grandes maisons ne les écrase pas, ils se perdront bientôt eux-mêmes ; l'exemple des gentilshommes de province en France et des nobles pauvres à Venise, ne les arrêtera pas ; ils feront ou favoriseront une révolution qui les dévorera.

Les armées innombrables qui couvrent et épuisent l'Allemagne, serviront-elles à raffermir sa constitution, ou à précipiter sa chûte ? N'est-il pas à craindre que, se dévoilant un jour à elles-mêmes le secret de leur force, elles ne se lassent d'être l'aveugle instrument des Souverains ou de leurs ministres ? Heureuse l'Europe, si les rois se pénétroient de cette vérité, c'est que le despotisme n'est pas moins à craindre pour eux que pour les peuples :

si les nations apprenoient enfin que la liberté, quand elle s'élève sur des ruines, marche sur des cadavres et se baigne dans le sang, n'est plus une déesse consolatrice, mais une furie, plus à craindre encore pour les peuples que pour les rois.

## DE L'ITALIE.

Lorsque je commençai cet ouvrage, les Autrichiens évacuoient l'Italie devant les Français, qui ne gagnoient alors que des batailles, et ne donnoient pas encore la liberté aux peuples vaincus. J'ai écrit quelques chapitres, et l'Italie n'étoit déjà plus. Des Républiques détruites ; d'autres qui se proclament sans savoir encore quel sera le nom, le gouvernement et les loix définitives qu'elles se donneront ; des nobles qui, après avoir combattu pour la démocratie qu'une partie du peuple n'adoptoit pas, bénissent dans leur enthousiasme le sceptre qui vient briser le leur ; un vieillard à qui la thiare a enfin échappé, et qui va mourir sans savoir s'il aura un successeur ; un petit Prince que la pitié de l'Espagne soutient contre l'orage, dont elle aura bien de la peine à le garantir ; un Souverain que sa sagesse et sa docilité sauveront peut-être encore pour quelque tems, mais qui finira par succomber ; un Roi dont l'asservissement lui mérite l'appui de son vainqueur, jusqu'à ce que le torrent ait rompu toutes ses digues ; un autre qui, tremblant sur son trône ébranlé, voit se préparer autour de lui une éruption plus redoutable que toutes celles du Vésuve ; les arts en pleurs, le commerce en stagnation, une partie du peuple en délire, et l'autre en alarmes : Voilà le spectacle effrayant et terrible qu'offrent ces belles contrées, où les Français ont allumé plus de volcans moraux que la nature et le tems n'y en ont éteint de physique. Puisse le véritable amour, puisse la jouissance solide de la liberté calmer l'effervescence inséparable des premiers momens du passage de l'esclavage à l'indépendance !

Ce n'est pas dans de telles circonstances que l'on peut fixer les rapports politiques d'une nation avec les autres, que l'on peut indiquer à ses gouvernans quels liens ils doivent former, quelles alliances ils doivent rompre. Le champ le plus vaste est ouvert aux conjectures ; mais nulle base ne s'offre pour les fonder.

Les grands agitateurs préparent des évènemens, sans savoir eux - mêmes quels ils seront, comment ils les dirigeront, s'ils en seront les maîtres, ou s'ils se laisseront entraîner par eux : sur quoi l'observateur assoiera-t-il ses raisonnemens ?

Quel chymiste oseroit prédire ce qui sortira d'un vaste creuset , où des enfans auroient mêlé les matières les plus hétérogènes ; tandis que d'autres enfans embrâseroient le fourneau sans savoir quel degré de chaleur ou de fermentation ils veulent produire ? Quel naturaliste au milieu d'un effroyable tremblement de terre , désignera l'édifice qui doit s'écrouler le premier , ou fixera la profondeur des abîmes qui vont s'ouvrir (25) ?

## DE LA SUISSE.

DEPUIS qu'ils jouissent en paix des douceurs de la liberté , les Suisses ont conservé les mêmes relations , et suivi le même systême. Des formes de Gouvernement très - différentes , des opinions religieuses très-opposées distinguent les divers cantons , mais ne les divisent pas. C'est pour les Suisses qu'il existe réellement une patrie ; c'est chez eux que les partis se réunissent au premier signal de danger ; c'est dans leurs montagnes que réside encore l'antique bonne foi qui respecte les propriétés, l'égalité qui ne dépouille pas, la liberté qui n'enchaîne point.

Mais conservera-t-elle long-tems ces précieux avantages, cette nation que la corruption environne de trop près, pour ne pas y pénétrer de toutes parts ; que l'amour de l'or peut rendre ou trop circonspecte, ou moins unie, qui commence à voir les mœurs se réfugier dans les campagnes ; où déjà le pauvre s'agite ( 26 ), le riche craint, et les gouvernans composent avec les gouvernés ? Il est bien difficile qu'avec des voisins qui veulent faire de leurs systêmes, ce qu'ils faisoient autrefois de leurs modes, la Suisse, tranquille au milieu des orages, les voie éclater sans éprouver quelques secousses : la sagesse peut les prévoir, l'union seule peut les prévenir.

La crise actuelle sera décisive pour la Suisse. Ses Gouvernemens doivent accueillir le vœu du peuple, et repousser les tentatives des agitateurs. Ils doivent déférer, comme à des conseils, aux avis de leurs puissans alliés, qui ne donneront pas sans doute à des insinuations amicales la tournure inquiétante et impérieuse de la force qui commande et prescrit des loix.

Si l'orgueil courbe sa tête altière devant la volonté générale, et sait faire accepter comme un bienfait ce dont il se verroit bientôt dépouillé comme d'une usurpation ; si la prudence préside aux sacrifices offerts, et la modération aux réformes demandées, le bonheur ne fuira pas d'une terre qu'il a si long-tems habitée.

Mais, si le préjugé qui ne veut rien perdre et l'effervescence qui veut tout obtenir, empêchent la raison d'éclairer les magistrats et de guider le peuple, malheur aux enfans des héros de Morat ! leur sang coulera sur la tombe de leurs oppresseurs.

## DE L'ESPAGNE.

DEPUIS Charles-Quint la puissance espagnole, si formidable sous son règne, a toujours été en décroissant. La découverte du Nouveau - Monde a dépeuplé l'Espagne, en offrant la fortune à une multitude d'hommes qui n'y trouvèrent que la mort ; elle ne l'a point enrichie, parce que les Espagnols ne font que distribuer aux autres nations l'or qu'ils en rapportent.

Philippe avoit épuisé ses finances , en soutenant la Ligue en France , en combattant contre ses sujets révoltés dans les Pays-Bas et en Hollande ; en rassemblant cette flotte prodigieuse qui devoit subjuguer l'Angleterre , et dont les vents n'y portèrent que les débris , ses successeurs achevèrent d'accabler l'Espagne sous le poids de l'adminis-tration la plus ruineuse et la plus ab-surde ; et le grand Condé porta le der-nier coup à la monarchie Espagnole ; en détruisant cette infanterie célèbre, qui soutenoit encore la splendeur de son nom.

Toutes les relations politiques de l'Espagne changèrent nécessairement , lorsque Louis XIV plaça son petit fils, sur ce trône ébranlé , que Philippe V ne pût occuper, qu'après avoir sacrifié beau-coup d'hommes , épuisé les ressources de son pays , et cédé une partie de ses vastes États. La foiblesse de ce monar-que , l'ambition de sa seconde femme , les projets brillans d'Alberoni, que l'on regarderoit comme un grand ministre, **si** la fortune l'eût moins promptement abandonné ; la mauvaise administration de Ferdinand ne firent que rendre plus précaire la situation d'un pays, où la sagesse du gouvernement le plus ferme suffirait à peine pour éclairer l'ignorance qui repousse l'instruction, et réveiller la paresse que la fertilité du sol favorise et qui fuit le travail, comme dans tous les pays où le besoin n'appelle pas impérieusement l'industrie (27).

Le règne de Charles III doit mériter à ce Prince une place honorable dans l'histoire. Il a enlevé Mahon aux Anglais ; il s'est fait donner la Louisiane ; il a rétabli sa marine, encouragé les arts, protégé le commerce, et créé pour les Espagnols celui du Levant (28) qu'ils ne connoissoient pas avant lui : il a enfin amélioré ses finances. Et si le pacte de famille, ce traité (29) où la France croyoit voir tant de ressources,

et

et où l'Angleterre trouva tant d'avantages, lui a été nuisible dans la première guerre, où il l'entraîna ; les profits qu'il en a tirés à la fin de la seconde, l'ont bien dédommagé des pertes qu'il avoit faites, et des revers qu'il avoit essuyés.

Son fils, que l'exemple de Louis XVI devoit instruire, et ne paroît pas même inquiéter, après s'être joint aux coalisés, après avoir vu ses flottes dans Toulon, et ses armées aux portes de Perpignan, n'a pu se dérober aux vengeances de la République française, qu'en recevant les loix qu'elle lui a dictées ; qu'en s'unissant avec elle ( 30 ) contre un ennemi à qui cette alliance offre plus de trésors à enlever que de vaisseaux à combattre. Des finances dans le plus grand désordre ; une marine que ses premiers essais ont au moins découragée, s'ils ne l'ont point avilie ; une flotte nombreuse encore malgré ses pertes, et n'osant se montrer devant l'ennemi audacieux , qui menace de l'incendier dans ses ports ; une armée qui n'inspire pas assez de confiance , pour qu'on l'employe seule contre le Portugal , et à laquelle on craint de joindre des soldats Français , de peur qu'elle n'adopte leurs principes aussi facilement qu'elle a cédé à leurs armes ; des Colonies mal défendues contre les Anglais , et où le gouvernement redoute également l'insurrection des Blancs , et le déchaînement des Nègres ; le commerce languissant et sans protection ; une Cour corrompue , un ministre dont l'élévation est un scandale , et dont les talens ne justifient pas la fortune ; les grands , mécontens , le peuple misérable , les prêtres inquiets , la nation agitée par des écrits que toute la vigilance du gouvernement n'empêche pas de répandre : tel est l'état de fermentation dans lequel l'Espagne attend une révolution , qu'il est bien plus facile de prévoir que de prévenir.

# DU PORTUGAL.

La nature sembloit avoir destiné le Portugal à n'être qu'une province de l'Espagne. Le génie d'un de ses rois l'avoit élevé pour quelque tems au rang des grandes puissances ; la cupidité y créa des héros ; l'opulence y produisit la paresse et l'orgueil, et lorsque Philippe le réunit à ses vastes domaines, les conquérans de l'Inde conservoient à peine le souvenir de leur ancienne splendeur.

La maison de Bragance avoit besoin de l'alliance des Français pour se soutenir, elle la rechercha et reçut d'eux des secours efficaces.

Mais, lorsqu'un petit fils de Louis XIV monta sur le trône d'Espagne, les relations politiques du Portugal changèrent totalement. Il se donna à l'Angleterre, et subit la loi qui condamne le foible, à payer la protection du fort, par tous les sacrifices qu'il plaît à ce dernier de

lui imposer : les mines du Brésil devin-
rent le domaine de l'industrie Anglaise,
et le commerce du Portugal ne fut plus
exploité que pour elle (31).

Au milieu des négociations de paix,
et des préparatifs de guerre, qui lais-
sent l'Europe incertaine de son sort,
quel sera celui du Portugal ? Charles IV
tentera-t-il de détrôner son gendre avec
ses seules forces, elles n'y réussiroient pas?
Osera-t-il joindre des armées Françaises
à ses soldats ? Il paroît plutôt redouter
que rechercher leurs secours, et la République française semble plus avide des
trésors du Portugal, que de ses provinces.

Il est donc probable que la Cour de
Lisbonne achetera la paix ; que l'Espagne ne partagera ni ses dépouilles, ni
ses États ; et que l'Angleterre continuera à en tirer les tributs que l'industrie a de tout tems imposés à la paresse,
et qui sont plus durables (32) que ceux
que la force arrache à la pusillanimité.

# DE L'EMPIRE OTTOMAN.

CET Empire (33), jadis si formidable, qui menaçoit l'Italie, faisoit trembler l'Allemagne, et dont les tributaires imposoient eux-mêmes des tributs à la puissance qui vient de les subjuguer, n'est aujourd'hui qu'un vaste colosse, ébranlé de toutes parts, et qui ne subsisteroit déjà plus en Europe, si la politique de l'Angleterre n'eût fixé aux armes de Catherine, les bornes qu'elles ne devoient pas dépasser. Sa chûte plus ou moins imminente paroît retardée, par la mort de cette Princesse ambitieuse, dont le successeur, moins pressé qu'elle de quitter Pétersbourg pour Constantinople, semble plus occupé de s'affermir que de s'étendre. Mais, si l'aigle Russe suspend encore quelque-tems son vol vers le Bosphore, la puissance Ottomane en Europe succombera bientôt sous les efforts de ses Pachas révoltés, de ses Janissaires mécontens, de ses esclaves appelés à la liberté par leurs voisins et leurs compatriotes, et par ses alliés mêmes (34) qui forment à Constantinople des marins pour Sélim, et invitent ses sujets de l'Archipel à secouer le joug que ses flottes leur imposent.

Les signes les plus évidens d'une dissolution prochaine se manifestent de toutes parts dans l'Empire Ottoman, dont le siége ne peut tarder long-tems à être transporté en Asie. Ses provinces d'Europe n'attendent qu'un conquérant qui daigne les soumettre, ou un ambitieux qui ose les faire révolter; son autorité méconnue en Égypte se borne à en tirer un tribut peu considérable et à y envoyer un Pacha, à qui les Beys n'obéissent pas, et qu'ils destituent quand il oublie qu'il ne doit pas se mêler du gouvernement; ses armées indisciplinées sont devenues plus redoutables pour lui-même que pour ses ennemis ; ses sujets Mahométans attendent avec le calme du fatalisme, le moment où ils seront forcés d'abandonner la terre, qui (comme ils le disent eux - mêmes ) n'est pas celle de leurs pères (35); ses esclaves chrétiens appellent ce moment par leurs vœux, jusqu'à ce qu'ils puissent l'accélérer par leurs efforts; son commerce n'est exploité que par des étrangers, ou des chrétiens ; sa population diminue tous les jours, sa capitale sans défense est exposée à voir le pavillon Russe se déployer en vainqueur dans son port, où les vents peuvent amener (36) en vingt-quatre heures, les vaisseaux nouvellement bâtis dans la mer Noire.

En vain Sélim a-t-il tenté d'introduire parmi ses soldats la tactique Européenne qu'ils n'adopteront pas, et de perfectionner la construction de ses vaisseaux, dont il peut bien améliorer la forme (37); mais qui ne seront jamais manœuvrés que par des matelots ignorans, et conduits que par des chefs inhabiles; en vain, paroît-il vouloir entretenir avec les Cours de l'Europe, des liaisons plus suivies ; il n'évitera pas sa destinée, il transportera son trône en Asie, et reculera du côté de la Perse, les limites de son Empire, destiné peut-être un jour à s'étendre bien au-delà des rives de l'Euphrate.

# DE L'AMÉRIQUE
## SEPTENTRIONALE.

Si, comme le dit Machiavel, il faut, quand on a renversé la tyrannie, changer toutes les anciennes institutions, et les remplacer par d'autres, plus analogues au nouveau systême de gouvernement; si, comme ne l'ont que trop prouvé les grands agitateurs de l'Europe, une révolution, jusqu'à ce qu'elle soit consolidée, doit faire écrouler avec le gouvernement qu'elle écrase, les monumens de la religion, de la royauté, de la noblesse et des arts ; envahir les propriétés, exciter les pauvres contre les riches, et démoraliser le peuple ; l'Amérique septentrionale n'a point éprouvé de révolution; les mouvemens qui l'ont agitée, ont bien commencé comme les révolutions, par des révoltes partielles, qui sont devenues ensuite une insurrection générale, mais ils ont fini sans déshonorer le peuple par des loix de sang, par des massacres, par des assassinats juridiques, commandés par l'avidité et applaudis par la terreur: De sorte que les Anglo-Américains en conservant la religion, les loix et les mœurs de leurs pères, n'ont presque fait à la constitution Anglaise, d'autre changement que de substituer un pré-sident électif à un roi héréditaire, un Sénat de citoyens à une chambre des Pairs. Comme il n'y avoit point chez eux de noblesse, dont l'orgueil humi-liât le peuple, on ne chercha point à détruire ce qui n'existoit pas ; et les passions viles, qui ne savent qu'abaisser tout ce qui est trop élevé pour qu'elles puissent y atteindre, ne trouvèrent pas d'aliment, et ne s'enflammèrent pas. Les niveleurs mêmes n'osèrent pas proscrire l'opulence, parce que le commerce et l'agriculture offroient de grands moyens de s'enrichir sans dépouiller ; et le peuple servit la révolution dans son ensemble, sans la déshonorer dans ses détails ; parce qu'un grand homme seul sut s'en emparer dans ses commencemens pour en assurer le succès, la diriger dans ses efforts, pour la conduire à son but, la consolider après son triomphe, et l'abandonner à elle-même aussitôt qu'il la vit affermie, terminée, et remplacée par un gouvernement sage ; lorsqu'enfin il pût dire au peuple, j'ai tout fait pour vous ; et se dire à lui-même, je n'ai rien fait pour moi.

On lui reprocha de n'avoir pas totalement soustrait son pays, au joug de l'influence Anglaise, et de n'avoir pas servi la France, avec toute la chaleur

que la reconnoissance et l'amour de
la liberté devoient inspirer aux Amé-
ricains. Mais étoit-il donc si facile de
briser tous les liens qu'une origine
commune, une même langue, une
grande conformité de mœurs, de loix,
d'usages et d'habitudes, un reste de
dépendance religieuse, des rapports
indispensables de commerce, des liaisons de parenté, d'amitiés et d'intérêts, conserveront long-temps entre
les deux peuples, qnelque soit leur
gouvernement ?

Etoit-ce d'ailleurs la France république qui avoit combattu pour la liberté
en Amérique ?

Enfin avoit-il de grands droits à la
reconnoissance du Congrès, le gouvernement provisoire des Français quand,
par ses émissaires, il attaquoit jusques dans ses fondemens la constitution Américaine, fomentoit l'insurrection, accueilloit les mécontens ?

*

La guerre présente enrichit l'Amérique septentrionale, et ne nuit pas à sa population ; la paix lui donnera de nouveaux trésors et y conduira une foule d'hommes ; à qui l'amour du repos, l'espérance de s'enrichir, le besoin de cacher ou de déplacer leur fortune, les remords du passé ou l'inquiétude de l'avenir, feront abandonner leur patrie, et chercher loin de l'Europe l'oubli de leurs crimes, ou la consolation de leurs maux.

Cependant les États-Unis consolideront leur constitution, chercheront à se créer une force militaire, et sur-tout une marine ; conserveront leurs relations politiques, et les étendront jusqu'à ce que le gouvernement s'altère et les divise, ou que leur puissance, qui me paroît appelée aux plus hautes destinées, s'élève majestueusement sur les ruines de l'Europe redevenue barbare , et joigne à l'immense Continent qu'aura peuplé la foule de ceux qui fuiront le despotisme et l'anarchie , les Colonies vastes et fertiles qui ne peuvent rester long-tems , ni sous la dépendance des Européens , ni sous le joug dévastateur des Nègres.

## DES COLONIES.

La République française doit-elle conserver les Colonies qui lui restent en Amérique, et exiger des Anglais la restitution de celles qu'ils lui ont enlevées? Lui convient-il de prolonger la guerre pour en obtenir cette restitution ?

Pour décider ces deux questions , ou au moins pour les discuter, sans avoir adopté d'avance une opinion , il faut examiner , non les avantages que retiroit autrefois la France de ses Colonies, ( personne ne les ignore ni ne les conteste ) mais ce qu'elles lui coûtoient , et les sacrifices énormes qu'elle sera obligée de faire pour les rétablir ; il faut calculer, si ce qu'elles mettront dans la balance du commerce, en faveur de la métropole , égalera ce qu'elles y versoient ; il faut chercher comment, avec la liberté des Nègres et le gouvernement représentatif, peuvent être exploités la culture dans les Colonies et leur commerce avec la France , ainsi que celui de la France avec elles ; et à quelle forme d'administration elles seront soumises. Il faut enfin voir , s'il est possible , ou même probable , que les Colonies d'Amérique restent encore long-tems sous la dépendance de leurs métropoles.

En évaluant à quarante millions , ce que les denrées Coloniales mettoient annuellement dans la balance du commerce en faveur de la France ; en admettant que cette somme fût un produit net , déduction faite de tous frais, elle ne présente que l'intérêt de huit cents millions : or, si la France a emprunté huit cents millions pour soutenir une ou plusieurs guerres pour la défense de ses Colonies, les quarante millions qu'elles mettent en sa faveur dans la balance du commerce ne font que couvrir les intérêts de la dette qu'elles lui ont fait contracter ; et si les emprunts s'élèvent au-dessus de huit cents millions, elles lui coûtent, au lieu de lui rapporter.

Tant que la guerre dure, les quarante millions de balance favorable ne rentrent pas ; les intérêts de la dette n'en sont pas moins exigés, et pour les payer, il faut contracter des dettes nouvelles ; il faut, pour conserver ou reconquérir, ouvrir de nouveaux emprunts.

Si les armes ou les négociations rendent aux Français leurs Colonies, les propriétaires ne les rétabliront pas sans de grandes avances, dont le gouvernement ne sera ni promptement, ni

entièrement remboursé. Des forces im-
posantes, des secours multipliés, né-
cessiteront d'énormes mises de fonds ;
la balance du commerce sera moins
favorable, et le tems seul nous apprendra, si avec des Nègres libres,
qui mettront à leur travail le prix qu'ils
voudront, et ne s'y livreront que lorsque le besoin les y forcera, les Colonies
seront aussi productives qu'autrefois.

Avec des représentans qui décréte-
ront à Paris, et des représentés qui ne
connoîtront les décrets que long-tems
après qu'ils seront rendus ; avec une
administration qui ne pourra être que
très - compliquée, et où les autorités
militaires et municipales ne seront pas
toujours d'accord ; avec des voisins riches
en denrées de première nécessité, et
industrieux à se procurer et à fournir
à bon marché celles de luxe ou d'agré-
ment ; les colonies continueront-elles à
être approvisionnées exclusivement par

la

la France ; le régime prohibitif n'y sera-
t-il pas également dispendieux et impraticable ?

Enfin , la révolte des nègres ne doit-
elle pas porter la dévastation dans toutes
les colonies européennes , si elles conti-
nuent à vouloir les tenir esclaves ; ou
leur affranchissement ne conduit-il pas
toutes les Antilles à se déclarer indé-
pendantes , si leurs métropoles elles-
mêmes ne leur offrent pas la liberté , et
à s'unir au vaste continent qui bientôt
peut-être s'enrichira des trésors, des arts
et de la population de l'Europe ensanglantée ? Puissent ces courtes réflexions,
approfondies par les arbitres des destinées de la France , les mettre en garde
contre les suggestions de l'orgueil, de
la haine et du faux point d'honneur qui
peut éblouir le monarque altier, mais
qui ne doit point égarer les magistrats
d'un peuple libre !

Puisse le mot *Colonies* être à jamais
effacé du dictionnaire républicain ! puisse

* E

la Législature et le Gouvernement éloigner tout ce qui rappelleroit à la métropole l'idée de domination, et aux départemens d'outre-mer, le sentiment ou le souvenir de la dépendance ! Puissent-ils enfin jouir dans toute son étendue des bienfaits de la constitution et de l'administration départementale et municipale ! Assurer à l'habitant les mêmes droits, et l'assujétir aux mêmes devoirs que tout Français possède ou remplit ; le gouverner, l'imposer, l'administrer comme le reste de la France, puisqu'il est citoyen ainsi que ceux des rives de la Seine ; n'y laisser subsister aucune trace du régime colonial ; donner aux nègres les moyens de supporter la liberté, les tirer de leur avilissement sans humilier l'orgueil des blancs ; faire disparoître autant qu'on le pourra par des mariages la différence des couleurs et le préjugé qu'elle nourrit ; multiplier les petites propriétés, sans dépouiller les grands propriétaires ; dégager le planteur de l'asservissement où le tient le commerçant par ses avances et ses approvisionnemens ; ne plus le laisser dépendre de l'avidité de l'armateur , ou de l'inconstance des vents ; l'encourager à ensemencer des terres pour se nourrir, et à armer des gardes nationales pour se défendre de concert avec la portion de l'armée de ligne qui doit y être employée ; entretenir constamment dans ses ports une force navale suffisante pour qu'il n'attende plus en vain des secours d'Europe ; éviter avec soin tout ce qui ressembleroit à des gouverneurs d'autrefois ; le maintenir enfin dans la plénitude des droits de l'homme et du citoyen : voilà les moyens de conserver et de faire prospérer nos établissemens dans les deux Indes.

## CONJECTURES.

L'EUROPE est menacée d'une subversion totale. Ce n'est pas seulement la puissance des rois que l'on attaque ; des agitateurs que la France désavoue veulent renverser tous les Gouvernemens. Les dignités, les richesses, les propriétés sont proscrites ; tout le monde veut commander , personne ne veut plus obéir ; la majorité, c'est-à-dire, ceux qui n'ont rien, voudroient se partager les dépouilles de la minorité, c'est-à-dire, de ceux qui ont quelque chose, sans songer que, bientôt redevenus la minorité, par cela même qu'ils se seront enrichis, ils se verront spoliés et persécutés, en vertu du grand système de l'égalité, dont nos modernes niveleurs ont su faire une arme aussi dangereuse pour celui qui l'emploie, que pour ceux qu'elle frappe.

Du cahos, où la discorde, les haines et la cupidité font fermenter toutes les passions, tous les vices et toutes les erreurs, que sortira-t-il ? La barbarie qui repousse les lumières, le désespoir qui accueille la tyrannie, la dépopulation qui appelle la misère, l'immoralité qui isole les hommes, la férocité qui les ramène à l'état sauvage, ou le besoin de protection, qui, mettant le foible dans la dépendance du fort, rétablit le systême féodal (38).

Le fanatisme religieux n'est ni plus brûlant, ni plus dévastateur que celui qui embrâse la multitude égarée par des maximes dont quelques-unes sont vraies en théorie, mais dangereuses en pratique, par des promesses qui offrent aux ambitieux le pouvoir, aux pauvres la richesse, aux paresseux l'aisance sans travail ; aux intrigans les emplois sans mérite ; aux parleurs l'influence sans talens ; aux audacieux les rênes du Gouvernement sans moyens ; aux hommes avides l'argent des hommes crédules sans responsabilité ; au peuple entier la souveraineté, qu'on se garde bien de lui dire qu'il n'exercera pas.

Ce fanatisme de licence est au véritable amour de la liberté, ce que le philosophisme est à la philosophie. Il conduit au despotisme à travers les décombres de l'anarchie ; il fait des tyrans de ceux qu'il a élevés, et des esclaves de ceux qu'il a séduits ; il sert les frippons, et écrase les dupes ; il élève sur des ruines les autels de la liberté, cette déesse, protectrice des humains, qui ne veut pour encens que leur bonheur ; il appésantit les chaînes qu'il promettoit de briser, comme le philosophisme obscurcit les ténèbres qu'il se vantoit de dissiper, parce que ses paradoxes qui égarent, ressemblent à l'éclair qui éblouit, tandis que les préceptes de la philosophie sont comme la lumière douce qui éclaire et console.

Si la vertu est la véritable base sur laquelle reposent et s'affermissent les républiques, est-ce au moment où l'Europe corrompue par le luxe, les richesses, le despotisme, l'immoralité, ne connoît et n'honore plus les vertus simples et modestes ; est-ce, dis-je, dans ce moment qu'il faut la républicaniser, sans la préparer à s'en rendre digne ?

Si on forme de petits États démocratiques, ils deviendront la proie de leurs voisins, ou se déchireront par des divisions intestines.

Si l'on organise de grands États républicains, l'histoire nous apprend ce qui arrive à une république trop étendue, lorsque, craignant ses armées, elle leur offre, pour les éloigner, des conquêtes à faire, et devient ensuite leur proie, quand des généraux ambitieux ne se contentent plus de la gloire de leurs triomphes.

Si on laisse subsister de grands empires à côté des petites républiques, ils les engloutiront, à moins qu'elles ne se donnent aux républiques assez grandes pour les défendre, et qui finiront par les dévorer.

De cet état de choses, il doit nécessairement résulter des guerres interminables, et des troubles intérieurs qui ne peuvent que dépeupler l'Europe et la replonger dans la barbarie.

Si l'esprit de liberté, ou plutôt le système de licence qui détruit tout, continue à se propager, il renversera les Gouvernemens ; ou, si l'on arrête ses progrès, il les forcera à écraser de tout le poids du despotisme des sujets chez qui le succès n'aura pas légitimé l'insurrection ; et l'on sait que les grands moyens du despotisme sont de favoriser l'ignorance, d'encourager la corruption, et d'étouffer toute espèce d'énergie. Ces moyens, conseillés par la nécessité, et devenus presqu'indispensables après de violentes secousses, ne seront pas moins employés par les démagogues, qui n'appellent les peuples à la liberté, que pour leur imposer des chaînes plus pesantes que celles qu'ils viennent de rompre ; ils seront le grand ressort des Gouvernemens militaires, cet abîme dans lequel se précipitent tôt ou tard toutes les républiques.

Tandis que l'Europe, en proie à tous les maux de l'anarchie et de la guerre, verra ses habitans fuir la terre qui s'écroulera sous leurs pas, l'Amérique septentrionale offrira un asyle à l'homme paisible, des ressources à l'homme industrieux, de vastes champs au cultivateur, d'utiles spéculations au commerçant, des jouissances tranquilles au riche, des moyens assurés de conserver les débris de sa fortune au proscrit, que ses concitoyens n'auront pas totalement dépouillé. Les Colonies deviendront sans doute ses alliées, et l'enrichiront de leurs trésors, en échange des denrées et des marchandises qu'elles en tireront ; la liberté y conservera long-tems son empire qu'elle n'y a point établi par la violence ; elle y rendra heureux les peuples qui l'ont fondée, et ceux qui l'y auront été chercher, jusqu'à ce que trop peuplée, trop riche, trop corrompue, elle se divise, se déchire, et offre à son tour le spectacle que l'Europe présente aujourd'hui.

Bien avant cette époque qu'on n'apperçoit qu'à travers les siècles, la France qui s'est vue au moment de succomber sous les coups de ses enfans, plutôt que sous ceux de ses ennemis, sortira victorieuse de la lutte intestine qu'il est tems de terminer sans retour, si elle le veut efficacement; si elle s'appuie uniquement sur sa constitution; si, lasse enfin de détruire, elle ne songe plus qu'à édifier. C'est à ses représentans à s'emparer des circonstances, à ne point devancer l'opinion, et à ne plus la-laisser s'égarer, à éviter en un mot la précipitation qui agit, quand il faudroit délibérer, et la lenteur qui délibère, quand il faudroit agir.

Si la liberté n'est point une chimère; si les Français ne sont pas destinés à n'en jamais jouir, c'est aujourd'hui, c'est dans les assemblées primaires de cette année qu'ils doivent consolider par de bons choix une constitution dont les partisans sont trop nombreux pour

craindre ses ennemis , et assez magna-
nimes pour oublier les erreurs ou les
crimes de leurs adversaires.

Que le Gouvernement inaccessible
aux suggestions de l'orgueil qui ne veut
que des tributaires et point d'alliés , à
celles de la cupidité qui vend la paix ,
à celles enfin de la politique tracassière
qui sème la division au-dehors, et de la
politique machiavélique qui l'entretient
au-dedans , se pénétre de l'étendue de
son pouvoir , et méprise également les
vils conjurés qui ne peuvent l'atteindre
et les nombreux flatteurs qui veulent
l'égarer. Que dis-je ; fidèle aux devoirs
que la constitution lui impose, il continue à se contenter de la puissance
qu'elle lui donne , et la république s'établira sur des bases inébranlables ; elle
sera respectée au-dedans , et prépondérante au-dehors ; elle résistera plusieurs
siècles aux efforts destructeurs du tems ,
qui fait disparoître devant lui les États
et les hommes ; elle sera peut - être le

seul pays tranquille dans notre continent : et maîtresse d'éloigner d'elle les
divisions et la guerre extérieure, elle
dictera à l'Europe des loix de paix et de
fraternité ; elle mettra enfin dans ses
finances l'ordre que le vœu de la patrie
y appelle, que ses moyens rendent plus
faciles à rétablir qu'on ne le croit, et
que les dilapidateurs repoussent depuis
trop long-tems.

Cependant les puissances du Nord
verront en tremblant, et sans pouvoir
s'y opposer, l'agrandissement de l'Empire Russe ; l'Allemagne n'éprouvera
dans sa constitution aucun changement
qui ne soit avantageux à la maison
d'Autriche ; la monarchie Prussienne,
comprimée entre deux voisins réunis
contr'elle, ne conservera pas long-tems
un rang que ses finances et sa population ne suffisent point à soutenir ; l'Italie risquera d'être comme la Pologne,
asservie ou partagée, si elle ne sait pas
défendre la liberté qu'elle a reçue, mais

qu'elle n'a pas conquise ; l'Espagne changera de gouvernement ou au moins de dynastie ; l'Angleterre (39) sera subjuguée ou déchirée avant six mois, ou, si la paix ou les évènemens la garantissent de sa ruine, elle demeurera inébranlable, jusqu'à ce que ses colonies d'Amérique se soient données ou alliées aux États-Unis, et que ses possessions aux Indes soient délivrées de son joug, par les Indiens eux-mêmes, ou tombent avec l'Empire du Mogol sous celui des Persans ou des Turcs.

Soit que ces derniers soient chassés de l'Europe par les Russes, ou que l'insurrection de leurs provinces en devance la conquête, ils ne tarderont pas à refluer en Asie ; ils ne conserveront qu'avec peine, et pour peu de tems, les isles voisines de l'Asie mineure et ses côtes mêmes. Alors la Perse, déchirée depuis plusieurs années par des usurpateurs qui se succèdent, et des esclaves qui combattent pour le choix des tyrans, offrira aux Ottomans de quoi se dédommager de ce qu'ils auront perdu. Alors les Persans reflueront sur l'Inde, où bien les Ottomans eux-mêmes, redevenus conquérans, parce qu'ils n'auront plus que des ennemis moins disciplinés qu'eux, porteront leurs armes victorieuses dans le foible Empire du Mogol, et finiront par expulser de l'Inde les Européens, si les Marattes n'entreprennent et n'achèvent pas les premiers cette révolution. Les rives fertiles de l'Indus et du Gange, les mines opulentes de Golconde, ne sont destinées qu'à changer de maîtres, et à être exploitées par des esclaves paisibles, accoutumés à obéir, ayant peu de besoins, et ne connoissant pas assez la liberté, pour la regretter ou la chercher.

O vous ! génération présente, qui sembliez appelée à jouir sans secousses et sans remords des bienfaits de cette divinité tutélaire du genre humain ; ô vous ! générations futures, qui deviez

la recevoir pure et sans tache des mains
de vos pères ; dévouez aux furies ces
hommes profondément pervers, qui lais-
sèrent échapper, ou plutôt ne s'empa-
rèrent que pour eux-mêmes de cette
époque unique dans les fastes de l'histoire, où la puissance offroit les plus
grands sacrifices, où la nation ne de-
mandoit encore que des réformes qu'on
ne lui refusoit pas, où enfin, après de
grandes fautes et de violentes secousses,
la monarchie détruite n'opposoit plus à
la république que des efforts que les
soldats français pouvoient vaincre, sans
qu'on leur associât tant de bourreaux !
Ils promettoient de vous rendre libres,
et ils vous ont enchaînés ; ils devoient
réparer, et ils ont détruit ; on leur pro-
diguoit la confiance, et ils semoient la
haine et la division ; on leur apportoit
de l'or, et ils demandoient du sang ; ils
parloient d'égalité, et ils s'élevoient sur
des ruines et sur des cadavres ; ils ju-
roient de sauver la France, et elle pé-

rissoit, si leur tyrannie eût duré quelques jours de plus. Il ne tenoit qu'à eux de couvrir de fleurs la statue de la liberté, et ils ne la couronnoient que de piques ensanglantées : que l'anathême soit à jamais sur leur mémoire, s'ils ont vécu ; sur leur personne, s'ils existent !

Mais que la généreuse et consolante indulgence couvre de son égide protectrice, ces hommes égarés que leurs remords doivent assez punir !

Qu'une législation douce les ramène, si leur ame est encore sensible à la vertu : qu'un Gouvernement ferme les contienne, si le crime est encore dans leur cœur !

NOTES.

# NOTES.

(1) LA France a eu beaucoup moins de part qu'elle ne le croyoit et qu'elle ne le vouloit à la première guerre entre Catherine et les Ottomans. Malgré les instructions pressantes du duc de Choiseuil, M. de Vergennes qui ne desiroit pas la guerre, parce qu'il connoissoit la foiblesse des Turcs, mettoit peu d'activité dans ses démarches pour amener la rupture. Le baron de Tott excitoit, il est vrai, de tout son pouvoir, et avec quelques succès, le Kan de Crimée à commencer les hostilités ; mais la Porte désavouoit ces excursions de Tartares ; et, comme aucune des deux couronnes ne vouloit rompre, on étoit au moment de se donner mutuellement satisfaction sur les sujets de plaintes respectives.

Cependant le ministre Ottoman avoit remis à M. Obreskof un *ultimatum*, dont l'acceptation ou le refus, devoit décider de la paix ou de la guerre ; et suivant son usage, il avoit fixé pour le retour du courier un térme , passé lequel, les négociations seroient regardées comme rompues.

La dépêche qui contenoit cet *ultimatum* , fut remise au comte Panin , au moment où il alloit souper. Ce ministre avoit l'habitude de travailler le soir dans son lit, avec le chef du bureau des affaires étrangères ; le rapport du jour étoit intéressant, la dépêche fut oubliée , la réponse retardée , et le courier n'étant point revenu à Constantinople au terme fixé , M. Obreskof fut conduit aux sept Tours, et la guerre déclarée quelques jours après. Le courier arriva mais trop tard avec l'*ultimatum* accepté. L'auteur garantit cette anecdote, aussi certaine qu'ignorée.

Au reste , si les Russes ne pénétrèrent point alors jusqu'à Constantinople , ce n'est point la flotte Turque qui les en empêcha. Détruite à Tchesmé elle laissoit ouvert le chemin des Dardanelles, dont les forts si mal à-propos vantés, n'auroient point arrêté l'amiral victorieux. Mais les Anglais avoient fixé des bornes aux conquêtes de Catherine ; et elle les respecta.

C'est ainsi que dans la guerre qui suivit , et consolida l'invasion de la Crimée , les

Golfes

Golphes de Smyrne et de Salonique, que la marine Turc ne protégeoit pas, ne virent point les vaisseaux Russes.

( 2 ) Il paroît certain que Frédéric avoit ou formé, ou au moins conçu le projet de détruire en Allemagne toutes les petites Souverainetés, et sur-tout les Souverainetés Ecclésiastiques. Pour élever ainsi sa puissance sur les ruines du Corps Germanique, il falloit partager ses dépouilles avec l'Empereur, et s'assurer si Joseph avoit en lui des moyens suffisans, pour adopter et suivre un plan aussi vaste. Le vieux monarque eut une entrevue avec le jeune Empereur, l'eût bientôt jugé, et se borna à l'amuser par des manœuvres militaires.

( 3 ) On a reproché au duc d'Aiguillon, d'avoir ignoré le plan de partage de la Pologne, et de n'avoir employé aucun moyen pour s'y opposer. Cette imputation n'est point du tout méritée. Le premier traité de partage de la Pologne médité depuis long-tems, fut conclu à Vienne à la fin de 1769, sauf à le mettre à exécution, quand il en seroit tems. Averti du projet et du plan, le duc

de Choiseul eut l'air de regarder comme chimériques, des arangemens dont il étoit mieux
informé que celui qui croyoit l'en instruire,
mais que son dévouement à la Cour de Vienne
ne lui permettoit pas de contrarier. Lorsque
le duc d'Aiguillon parvînt au ministère,
un seul moyen lui restoit, pour arrêter la
marche des trois puissances, et il osa le
proposer. Il ouvrit au conseil l'avis de déclarer à Marie-Thérèse, que, si elle et ses
co-partageans ne se désistoient pas de leurs
prétentions, les armées Françaises entre-
roient aussi-tôt en Flandres; Louis XV n'étoit
pas éloigné d'adopter cet avis; le conseil le
combattit, et la Pologne démembrée cessa
dès ce moment d'avoir une existence politique.

(4) Lorsque Louis XVI signoit la déclaration qu'il fit remettre par son ambassadeur,
et qui contient cette phrase mémorable :
*Que les Anglo-Américains sont devenus li-
bres, du jour où ils ont déclaré leur indépendance ;* il ne prévoyoit pas les consé-
quences de cet aveu. Son ministre ne voyoit
pas non plus, que le moyen le plus sûr
d'affoiblir l'Angleterre étoit, ( en secourant

secrètement les Insurgés ) de la laisser combattre ses Colonies, qu'elle auroit dévastées, qu'elle auroit soumises, qu'elle auroit rétablies en y épuisant ses trésors, et qu'elle auroit fini par perdre, parce que des Colonies qui peuvent se passer de la métropole, s'en détachent tôt ou tard.

( 5 ) Le prix des denrées est loin d'excéder la proportion dans laquelle il doit être avec le salaire de l'ouvrier, et la misère ainsi que la disette se font beaucoup moins ressentir en France, qu'on auroit dû le craindre, après tous les maux qui l'ont accablée. Sans doute, elle compte dans son sein beaucoup, et beaucoup trop de malheureux ; et de malheureux d'autant plus à plaindre, que la plupart avoient connu l'aisance et même l'opulence ; mais la classe la plus nombreuse, celle des paysans, des journaliers, et des artisans est plus aisée, ou moins pauvre, qu'il y a dix ans : celle des fermiers est infiniment plus riche ; la majorité enfin des Français, eu égard au bien être pécuniaire, a plus gagné que perdu. Puisse ce tableau consolant ne pas faire imaginer aux hommes d'État, qu'ils peuvent sans péril prolonger

encore la révolution ! Combien je regrette-
rois de l'avoir tracé, si je voyois un jour le
fermier et le petit propriétaire, contemplant
tristement leurs greniers dévastés et leurs
attelages enlevés, et employant leurs femmes
à bécher péniblement un petit coin des vastes champs , que de nombreuses charues
fertilisent aujourd'hui ; le paysan dépouillé de
ses bestiaux, le journalier et l'artisan forcés
à vendre leurs sueurs au prix du salaire le
plus modique, ou cherchant dans quelque
terre étrangère du travail et du pain. Et
voilà ce qu'amèneroit infailliblement tout
système qui tendroit à éloigner encore le
retour du calme et de la paix.

(6) On convient assez généralement que
les assignats ont consolidé la révolution , et
qu'en détruisant un grand nombre de for-
tunes particulières, ils ont soutenu la fortune publique pendant une guerre, qui sans
eux n'auroit pas duré deux ans.

Mais on ne s'est pas également occupé de
calculer la masse de numéraire, dont les
assignats arrêtèrent la circulation au moment où ils furent créés, et que le besoin et

la confiance feront peu-à-peu sortir des coffres où il fut alors enfoui.

A l'époque où parurent les assignats, un terme de tous les fermages étoit échu, mais non soldé, un autre alloit écheoir.

Il en étoit de même des loyers et des rentes.

Une foule de lettres-de-change, d'obligations, d'effets enfin, et d'engagemens de toute espèce, alloient être payés.

Fermiers, locataires, débiteurs de rentes, capitalistes, la plupart avoient de l'argent pour s'acquitter, et tous ont soldé en assignats.

Quand on n'évalueroit qu'à un milliard, une somme qui, comme on le voit, se compose de plus de la moitié des revenus territoriaux, loyers, rentes et engagemens à terme de toute la France, il en résulteroit encore, qu'un milliard a été retiré de la circulation par l'effet des assignats; et que ce milliard doit y rentrer au moins en grande partie, parce que la plupart de ceux qui devoient en argent et ont payé en assignats, n'ont ni émigré, ni placé leurs fonds au-dehors; mais ce milliard ne reparoîtra qu'avec

F 3

la paix et le calme intérieur. Il est d'ailleurs peu de Français, qui n'ait en réserve, selon ses facultés, une somme quelconque , pour parer aux évènemens, ou les fuir, pour attendre le retour de la justice , ou chercher un asyle contre la violence.

*Cette bourse de voyage* enlève une somme immense à la circulation.

( 7 ) Je crois encore possible , à l'époque de la paix, (si elle est prochaine) de redonner au commerce Français de l'étendue et de l'activité ; mais ce ne sera plus ni par les mêmes moyens d'exploitation , ni dans les mêmes directions. Il faudra des années pour rétablir S.-Domingue, quelques modifications qu'on apporte au décret , qui de l'esclave le plus abruti , a fait en un instant un homme libre, un citoyen, un législateur. Il ne faudra qu'un moment pour détruire la Martinique , si les loix les plus sages et les hommes les plus purs n'en prennent pas pour ainsi dire possession , aussi-tôt qu'elle cessera d'appartenir aux Anglais.

Privé de tous ses établissemens dans l'Inde, le commerce Français ne peut qu'y être précaire , et se portera tout entier vers les Isles de France et de la Réunion , si le gouvernement qui, après les avoir long-tems oubliées, ne s'en est souvenu que sur des renseignement bien infidèles , fixe enfin sur ces précieuses Colonies des regards éclairés et bienfaisans.

Avec des vues plus sages , des chefs plus habiles, des plans mieux conçus , on peut tenter avec succès, à Madagascar , ce que l'impéritie, l'avidité et la petitesse des moyens ont fait échouer plusieurs fois.

Si les Ottomans ne sont point chassés de l'Europe, et ils ne le seront pas avant la paix , le commerce Français en reprenant avec eux ses liaisons trop long-tems interrompues , trouvera dans les Espagnols des rivaux , dont on ne craint pas assez la concurrence , et dont on n'a pas assez surveillé les progrès.

(8) Depuis un demi-siècle , toutes les nations de l'Europe ont voulu se livrer au commerce extérieur , sans examiner jusqu'à quel point leur position , leur génie , leurs moyens permettoient de l'entreprendre , et de l'exploiter avec succès.

Après avoir tenté deux fois d'établir une

compagnie des Indes à Ostende, Joseph n'a pas été beaucoup plus heureux, dans les essais dispendieux qu'il a fait à Trieste.

En vain Catherine, après avoir ouvert de nouvelles routes au commerce de ses vastes États, chercha à y encourager par des avances et des honneurs, les entreprises que ses conquêtes et ses traités rendoient faciles et lucratives ; l'industrie Russe ne fut point réveillée ; semblable à l'ancien habitant de l'Égypte, ce peuple a la mer en horreur ; il aura, il a même une grande marine militaire, parce que le gouvernement le veut ; il n'aura point devaisse aux marchands parce que son génie ne le veut pas.

Frédéric a tout fait pour mettre la Prusse au rang des puissances commerçantes ; c'est pour cela qu'il desiroit si vivement d'avoir Danzik ; ce que la politique habile de l'oncle n'avoit pu obtenir, les circonstances l'ont donné au neveu, et Danzik a perdu son commerce, sans que la Prusse ait augmenté le sien.

L'Angleterre, la Hollande, la France, ne laissoient avant cette guerre, de commerce à exploiter par les autres peuples, que celui qu'elles négligeoient, ou qu'elles dedai-

gnoient ; l'Espagnol si heureusement situé,
si riche en Colonies, ne mettoit en œuvre que
la plus petite partie de ses moyens, quoique
sous le dernier règne le gouvernement eût
encouragé et réveillé l'activité des négocians.

La position de la France, ses productions,
l'industrie de ses habitans, tout enfin l'in- .
vite à se livrer au commerce extérieur ; aussi
depuis long-tems chez elle, ministres, spécu-
lateurs, écrivains, ne rêvoient-ils que commerce. Mais trop souvent leurs vastes projets ressembloient plus en effet à des rêves
qu'à des plans. Quelques soient les avantages du commerce extérieur, il devient ruineux s'il conduit à négliger le commerce intérieur ; s'il lui enlève des bras, et des capi-
taux nécessaires à son activité.

Le commerce extérieur consomme un
nombre infini d'hommes, et nuit à l'accroissement de la population ; le commerce intérieur conserve les pères, augmente le
nombre des enfans, et nourrit ceux qu'il a
fait naître. L'un corrompt les mœurs, l'autre
ne leur est nuisible en rien. Le matelot meurt
jeune, le batelier, le conducteur de chariots
vivent long-tems ; l'armateur chargé des dé-

pouilles de l'Inde quitte le commerce et bâtit des palais ; le négociant enrichi par le commerce intérieur employe à de nouvelles entreprises les fonds qu'il a gagnés, et creuse des canaux , ou fertilise des champs jusqu'alors incultes.

Puisse le délire du commerce qui s'est emparé de toutes les têtes , ne pas vouloir à la paix couvrir toutes les mers de nos vaisseaux ; ce qui seroit avantageux après des années de prospérité, peut devenir funeste, après de longues et déchirantes agitations ! L'homme sain et robuste poursuit les bêtes fauves à travers les rochers ; le convalescent essaye et répare ses forces, dans les vallées où la fraîcheur des ruisseaux et l'ombre des feuillages tempèrent les feux du soleil , et vivifient l'air qu'on respire.

(9) Je suis bien loin d'entendre par obéissance aveugle à la loi , l'insouciance, la crainte ou l'apathie qui se soumettent, parce qu'elles ne savent ou n'osent réfléchir. Tant que la loi n'est pas faite, tout citoyen a le droit et le devoir de la discuter ; quand elle est promulguée , il faut obéir , et quand on a obéi , réclamer si elle est tyrannique ;

ou en démontrer les inconvéniens , si elle est défectueuse. Point de liberté sans le despotisme de la loi , point de liberté sous le despotisme des législateurs.

( 10 ) On a accusé M. de Vergennes, et la reine elle-même , d'avoir reçu de l'argent de l'Angleterre , pour conclure un traité de commerce , dont en effet tous les avantages étoient en sa faveur. Rien de plus injuste. M. Eden, homme fort éclairé , joignoit à ses lumières les instructions des plus habiles négocians d'Angleterre ; M. de Vergennes, bon travailleur , mais rien de plus , ne lui opposoit que de la routine , et les observations de quelques commerçans , à qui le préjugé ou l'intérêt personnel les dictoit. D'ailleurs ce dernier ne se dissimuloit pas combien le commerce anglais profiteroit du traité qu'il alloit conclure ; et cette considération même le portoit à se montrer facile ; il vouloit la paix , et une paix durable ; et il pensoit que l'Angleterre se détermineroit d'autant plus difficilement à la rompre , qu'elle verroit plus davantage dans le traité de commerce , qu'il considéroit comme le gage de la bonne intelligence entre les deux nations.

(11) Il est bien étonnant, que depuis huit ans, des publicistes, des gouvernans, des écrivains politiques, annoncent sans cesse comme prête à éclater en Angleterre, une révolution désorganisatrice, qui doit renverser le gouvernement et détruire la constitution. Ont-ils donc oublié, que l'opposition n'attaqua jamais les ministres que pour mettre ses chefs à leur place, et que le nouveau chancelier de l'Échiquier trouve, dans son rival disgracié, un critique aussi amer des mesures ministérielles qu'il l'avoit été lui-même! Ne savent-ils pas que, lorsqu'on veut succéder à ceux qui exercent un pouvoir quelconque, on peut bien en exagérer les abus, mais qu'on se garde d'en sapper les fondemens; l'histoire ne leur a-t-elle pas appris, que depuis les roses rouges et blanches jusqu'à Cromwell, les factions qui ont agité l'Angleterre y ont fait verser des flots de sang, mais n'y ont subverti ni les lois ni les usages; que, pendant les guerres de Charles premier, la justice n'interrompit point son cours, et

que, si les factieux qui agitoient l'ordre politique restoient impunis, les crimes qui
troubloient l'ordre social n'en conduisoient
pas moins à l'échafaud, de sorte que, soit
au nom du roi, soit au nom du parlement,
le coupable finissoit par être pendu; qu'enfin,
pendant la république et le protectorat, la
plus grande partie des lois anciennes resta
en vigueur, et que la justice ne fut jamais plus
sagement et plus sévèrement administrée ? Ne
se souviennent-ils plus que la révolution qui
renversa du trône Jacques second, pour y
faire monter le prince d'Orange, ne déplaça
que des hommes, et ne changea ni les lois
ni la forme du gouvernement, qu'elle fut
accompagnée de peu de désordres, et qu'enfin
elle tendit constamment à améliorer et jamais
à détruire? Et c'est chez une nation qui, depuis des siècles, s'occupe à perfectionner sa
constitution, mais sans oser toucher aux
bases sur lesquelles elle repose ; c'est chez
une nation grave et réfléchie, que l'on attend et que l'on espère une subversion totale
et instantanée, une désorganisation com-
plette et subite, une révolution qui, telle
qu'un effroyable tremblement de terre, ne
montrera plus que des ruines, là où des pa-

lais somptueux et des campagnes fertiles arrêtoient, un moment auparavant, les regards charmés du voyageur !

(12) Les hommes qui, depuis si long-tems, annoncent la banqueroute, et en attendent ou en promettent la nouvelle à chaque courier de Londres, peuvent au moins appuyer leur opinion sur celles de plusieurs célèbres calculateurs anglais. Guillaume n'avoit pas régné dix ans, que déjà des ouvrages estimés prédisoient la ruine prochaine du crédit public. On en démontra l'imminence et la certitude, après l'accroissement prodigieux de la dette, lors de la guerre de la succession; enfin à chaque nouvel emprunt qui, par cela même qu'il est rempli, prouve l'étendue des ressources de l'Angleterre, on ne manque pas d'établir, d'après des calculs très-exacts, que ce sera le dernier pour lequel on puisse trouver un souscripteur.

Et cependant les emprunts se succèdent et se remplissent; les intérêts de la dette publique sont payés exactement; enfin, le créancier de l'État n'éprouve ni retards ni retranchemens. La dette publique est énorme; mais les arrérages que reçoivent ceux qui ont placé dans les fonds, alimentent l'agriculture et le commerce ; les impôts sont multipliés à l'infini, mais ce sont des impôts indirects, et on les paye ; la rareté du numéraire, suite des versemens qu'il a fallu faire dans le continent a fortement entravé les opérations des banquiers et du gouvernement, mais le service public n'a pas été interrompu, le commerce enfin a souffert, mais il n'a pas cessé de fleurir. Je ne sais si un jour les finances d'Angleterre succomberont sous le poids de la dette publique, et quelle sera l'époque où la banque de Londres cessera ses paiemens ; mais je doute qu'elle soit aussi prochaine que le croyent ou l'annoncent des hommes, dont les calculs et les raisonnemens peuvent être soupçonnés d'exagération, attendu leur opinion connue et l'esprit de parti qui les domine.

(13) Outre le peu de confiance qu'une expérience récente doit donner dans les coalitions, j'ai peine à concevoir comment s'organiseroit celle qu'on voudroit former contre l'Angleterre ; en supposant que la Suède et le Dannemarck y accédassent, il n'est nullement probable que la Russie y entrât :

tout porte , au contraire, à penser qu'elle contiendroit au moins l'une et l'autre puissance, s'elle ne les combattoit pas.

De long-tems la Hollande n'aura une marine qui puisse faire pencher la balance d'aucun côté.

Les puissances navales de la Méditerranée ne lui donneroient que des secours bien précaires.

Restcroient donc la France et l'Espagne, et si leurs flottes réunies peuvent se montrer avec avantage contre celles de l'Angleterre, suffisent-elles pour les détruire.

De cette note et des deux précédentes, résulte-t-il que la France doive aller mandier à Londres une paix honteuse ? Je suis loin de le penser : mais puisse-t-elle éloigner de ses conseils , tous les faiseurs de projets chimériques, et gygantesques ? Qu'elle se mette en état d'être , pour l'Angleterre , une rivale formidable ; mais qu'elle ne prétende pas la détruire quand même elle le pourroit ! *Delenda est Carthago* répétoit sans cesse Caton dans le sénat. Carthage fut détruite, et Rome perdit sa liberté.

(14) Lorsque Gustave conçut l'audacieux projet

projet de déclarer la guerre à la Russie, et de s'avancer jusqu'aux portes de Pétersbourg; il est plus que probable qu'il se croyoit assuré d'une alliance avec le roi de Prusse, de qui il attendoit des secours efficaces, ou une diversion puissante. Trompé dans ses espérances, il n'en poursuivit pas moins ses projets; et, sans la fermeté de Catherine, il conduisoit triomphante dans la capitale de l'empire Russe une armée, dont partie le trahissoit; une flotte qui évitoit de combattre parce qu'elle craignoit de vaincre. Pressée de se retirer à Moscow, l'impératrice résista constamment aux instances, et à l'avis unanime de son conseil. Il est vrai que les intelligences qu'elle entretenoit chez l'ennemi devoient la rassurer; mais elle connoissoit assez le courage romanesque du roi de Suède, pour craindre que, victorieux malgré son armée, il ne vint lui dicter des loix dans son palais même.

( 15 ) Les circonstances deviennent de plus en plus favorables à la Suède. Le roi suit, avec encore plus d'activité et de succès que son oncle, les plans de celui-ci, pour l'amélioration des finances. Le nouvel empereur de

Russie, n'a ni l'ambition de sa mère, ni son ressentiment contre les amis de Gustave.

( 16 ) Sans prétendre juger un règne par ses commencemens, méthode presque toujours incertaine, parce le début des Princes promet d'ordinaire plus qu'il ne tient, je crois que le systême de Paul premier sera plutôt de tenir la balance du Nord, que de la faire pancher en sa faveur; qu'il contiendra ses voisins sans les attaquer; qu'il voudra moins conquérir qu'influer. Il s'unira toujours plus étroitement avec l'Angleterre; il ne cherchera pas l'alliance du roi de Prusse, mais l'amènera à désirer la sienne; il fortifiera de tout son pouvoir la prépondérance de la maison d'Autriche dans le Corps Germanique; il sera l'une des clefs de la digue qui s'élève dans le Nord, contre les torrens du Midi.

( 17 ) Puisse du sein des Volcans qui ébranlent l'Europe, ne pas couler une lave dévorante, dont les effets déjà trop menaçans ramènent cette belle partie du monde à l'état de barbarie et de dépopulation, d'où elle sembloit être sortie, pour n'y plus rentrer ! Je ne sais si je me trompe, mais depuis long-tems ( et bien avant la révolution Française ) j'ai cru voir dans les lumières, si vantées de ce siècle, les brillantes, mais les dernières lueurs d'un flambeau prêt à s'éteindre ; leurs feux m'ont paru semblables à ceux des éclairs, qui sillonnent l'obscurité des nuages, et annoncent plus de ténèbres, qu'ils n'en dissipent.

(18) Le feu roi de Prusse a manqué le moment d'être le médiateur, et l'arbitre de la paix : il a cru appercevoir celui d'abaisser la maison d'Autriche et d'élever la sienne ; et je pense qu'il s'est trompé. Il mettoit ( au moins je le soupçonne ) peu de bonne - foi dans ses négociations avec le gouvernement Français, qui s'en servoit, s'en méfioit, et ne tiendra pas tout ce qu'il lui a promis ; il s'exposoit à se voir conduit à déployer, pour les autres, toutes les forces qu'il croyoit rassembler pour lui-même. Quand les gouvernans sauront-ils, que la politique n'est point l'art de tromper, mais au contraire celui de détromper ; qu'elle ne doit employer la finesse que pour connoître, et démontrer la

*

vérité, et que son grand secret est de demander à ses amis et à ses ennemis, non ce
qu'elle veut qu'ils fassent, mais ce qu'il est
de leur intérêt de faire.

( 19 ) Lorsque le grand Frédéric monta sur
le trône, il avoit pour ainsi dire sa fortune à
faire ; et il saisit avec audace les occasions
de s'agrandir. Vers la fin de son règne, sa
puissance étoit solidement établie ; et il évita
la guerre.

Dans le moment actuel, la véritable politique du roi de Prusse seroit de ne rien
promettre et de ne rien demander ; de pres-
ser et favoriser les négociations de paix,
sans prétendre en profiter pour lui-même ;
de faire succéder au systême de circonstances, des vues plus étendues dans l'avenir.
On dit qu'il annonce des principes stables et
une conduite soutenue.

( 20 ) Le traité d'Aix-la-Chapelle étoit à
peine conclu, que la Cour de Vienne son-
geoit déjà à s'allier ( plus ou moins étroitement selon les circonstances ) avec celle de
Versailles. Le prince de Kaunitz fit quelques

ouvertures au marquis de Saint-Contest, qui ne montra que de la réserve; Marie-Thérèse entretînt plus d'une fois le marquis d'Hautefort, sur l'utilité respective pour les deux Cours d'un rapprochement entr'elles. Elle ne lui dissimula pas combien elle regrettoit la perte de la Silésie; elle ne trouva en lui qu'un homme imbu des principes du cardinal de Richelieu et remit à un tems plus favorable, des négociations qu'elle suspendoit sans les abandonner. Habile à profiter des moindres circonstances, elle en saisit une qui sembloit à peine mériter son attention. Elle sut que Madame de Pompadour aimoit le vieux Lacque; elle fit acheter du prince de Turenne une superbe écritoire de cette précieuse matière, et en accompagna le présent d'une lettre également adroite et flatteuse. L'abbé de Bernis dévoué à la favorite étoit alors ministre des affaires étrangères, et le traité de Versailles fut conclu. De nouveaux articles y furent ajoutés, au moins bien légèrement, par M. de Choiseul, et la Cour de France fut pour long-tems asservie à celle de Vienne. Le prince de Kaunitz ne croyoit pas que cette alliance monstrueuse pût survivre aux deux Souverains qui



G 3

l'avoient contractée : mais il y voyoit pour l'un et pour l'autre une paix durable , et pour lui l'assurance de conserver sa place , en éloignant la guerre que Louis et Marie-Thérèse craignoient également.

( 21 ) Ce Prince quelquefois trop loué , souvent trop déprécié , et dont la mort héroïquement attendue , au milieu des souffrances physiques et des inquiétudes morales les plus cuisantes, a justifié les regrets de ses amis, ( et il en avoit ). Joseph a dû la plupart de ses fautes au long ennui que lui fit éprouver sa mère , dont il n'étoit pas même le premier sujet ; à la précipitation qu'il apporta dans l'exécution de ses vastes plans. Convaincu avec raison qu'il ne devoit pas se flatter d'une longue carrière ; persuadé que son frère ne suivroit aucunes de ses vues , il hâta des réformes qu'il falloit mûrir ; il oublia que , dans les champs de l'administration , on doit s'attendre presque toujours à recueillir d'abord le mal , même lorsqu'on a semé le bien ; il mérita de justes reproches pour avoir commencé ce qu'il sentoit lui-même ne pouvoir pas finir. S'il eût cru vivre , s'il eût vécu long-tems , ses peuples qu'il vouloit rendre heureux , auroient consolé sa vieillesse par leurs bénédictions , tandis qu'à peine quelques larmes ont coulé sur sa tombe trop tôt ouverte.

( 22 ) Le tems nous apprendra, si la maison d'Autriche n'a pas fait une paix beaucoup plus avantageuse qu'elle ne devoit l'espérer ; si des provinces dont elle cherchoit presqu'à se débarrasser à tout prix, valoient mieux pour elle que des établissemens qu'elle convoîtoit depuis si long-tems, et qu'elle vient enfin d'obtenir.

Joseph second négocioit en 1786, avec les Venitiens, l'échange du duché de Mantoue contre le Frioul et l'Istrie Vénitienne , et quelques parties de la Dalmatie. Il n'a plus Milan ; mais le Veronois, le Vicentin, le Padouan , et Venise l'en dédommagent amplement.

( 23 ) Les préliminaires de la paix assuroient, à ce qu'on croyoit, l'intégrité de l'Empire ; la paix le démembre. Les préparatifs du feu roi de Prusse inquiétoient l'Allemagne ; ceux de son successeur en allarmént une partie , et ne rassurent pas l'autre. Le traité de Rastad , servira de supplément à

*

celui de Vestphalie, et les foibles, selon l'usage, y seront dévorés par les forts.

( 24 ) Louis XIV a le premier entretenu ces armées nombreuses qui ont fait trembler l'Europe, et réuni contre lui tant d'ennemis coalisés par la crainte de le voir prétendre à la monarchie universelle. Un pied de guerre ruineux, un pied de paix impossible à soutenir sans d'énormes impôts, ont ouvert l'abîme où s'engloutit la France, et forcé les autres puissances à s'endetter comme elle, pour lui résister ou lui en imposer. En abusant de ses ressources, Louis XIV prépara ses malheurs; il apprit à ses rivaux à imiter ses efforts, et de longs revers lui firent payer bien cher ses triomphes et sa gloire.

La République française a revelé aux souverains le secret de la levée en masse dont ils ne soupçonnoient pas même la possibilité. Puisse-t-elle à l'avenir ne jamais s'exagérer ses moyens. Puisse-t-elle se garantir toujours de l'insatiable yvresse de l'ambition; puissent les peuples, ne pas expier, dans la suite, par de longs repentirs, la découverte et l'abus de leur force !

(25) Divisée autrefois en petites républiques, l'Italie a été long-tems le plus malheureux pays de l'Europe ; livrée aux factions , aux haînes , au fanatisme ; déchirée par des tyrans , sous le nom de magistrats du peuple ; ensanglantée par des assassins qui se disoient soldats , et qui, payés pour combattre , ne savoient qu'égorger en fuyant ; pillée par les étrangers qu'elle appeloit à sa solde ; asservie par les *Condottieri* auxquels elle confioit sa défense ; maîtrisée , et non gouvernée , elle pleuroit sur ses villes désertes , sur ses grands chemins infestés de brigands , sur ses campagnes jadis si fertiles, où quelques cultivateurs épars ne conduisoient plus que , le sabre à la main , des charrues dont ils n'étoient pas sûrs de ramener les attelages dans leurs chaumières toujours menacées de la dévastation et de l'incendie.

Au milieu de ces horreurs , les tyrans, les bourreaux , les geoliers ne parloient que de liberté ; et ce nom sacré décoroit leurs étendards , leurs échafauds et leurs prisons.

Puissent les leçons de l'histoire si souvent inutiles n'être pas encore infructueuses aujourd'hui !

Il me semble que la nature a voulu que l'Italie, si elle n'obéit pas à un seul maître, ou à un seul gouvernement, soit divisée en deux vastes États, que séparera la Toscane réunie à quelqnes provinces voisines et constituées assez fortement, (sous quelques formes que ce soit ) pour ne craindre ni le roi de Sardaigne, ni celui de Naples.

( 26 ) Lorsque la secte encyclopédiste encourageoit la licence et la révolte en croyant, ou feignant de croire, qu'elle proclamoit la liberté, Linguet osa imprimer cette phrase trop peu méditée alors, trop mise en pratique dans ces derniers tems. *La société a fait du monde un vaste cachot, où il n'y a de libres que les gardiens des prisonniers.*

Une vérité aussi constante, que le sage reconnoît avec douleur, mais qu'il ne publie qu'avec précaution, c'est qu'*il ne faut* ( comme le dit Adrien Lezay ) qu'*avoir* vu *comme le riche dévore, et comme tout le reste jeûne, pour être devenu un niveleur.*

Oui, sans doute, le pauvre jeûne, et tandis qu'il arrose de ses larmes le morceau de pain noir que lui disputent ses enfans exténués, le vrai philosophe en verse de plus amères encore, sur l'immuable destinée des humains , que la nature a condamnés, en les réunissant en société à cette affligeante inégalité de partage, à laquelle l'abbé Syeyes prétendoit remédier , non en divisant les propriétés, mais en changeant les propriétaires. O vous qui vous dites Philanthropes! s'il ne peut exister de sociétés , où il n'y ait des pauvres et des riches ; si le travail n'est que l'enfant du besoin ; si vous ne savez pas enrichir sans dépouiller; si vous n'offrez à la misère pour ressource que le vol ; cessez d'appeler le brigandage au secours du malheureux! Et vous , respectable et trop nombreuse majorité, ne vous laissez point égarer par des espérances qui ne se réaliseront pas! Souvenez-vous que ceux d'entre vous qui sortiront de la misère par la violence , redeviendront la minorité ; que le plus grand nombre restera, ou deviendra pauvre, et que les spoliateurs verront se tourner contre eux , leurs principes et leurs armes !

Les niveleurs ne disent pas leur secret. Ils sayent bien que la chimère du bonheur commun ne conduiroit les hommes qu'à former des sociétés où d'abord personne ne mangeroit assez , de peur que quelqu'un ne mangeât trop ; mais il savent encore mieux que bientôt le plus petit nombre dévoreroit, tandis que le reste ne mangeroit pas ; et ce plus petit nombre, ils comptent bien le composer des prédicateurs, et non de leurs disciples. L'égalité absolue ne régnera sur la terre, que lorsque tous les visages se ressembleront parfaitement.

Disciples de Jean-Jacques, votre maître n'auroit-il publié qu'une seule vérité, c'est que l'état sauvage est préférable à l'état social. N'avez-vous tant vanté la dignité de l'homme, que pour le ramener au fonds des forêts ?

( 27 ) L'Espagne est peut-être le pays du monde, où l'on trouve le plus de preuves de cette vérité ; que, par-tout où la nature produit beaucoup, l'homme travaille peu ; et que, par-tout où elle produit peu, l'homme travaille beaucoup.

Le grand secret de l'administration seroit d'amener les hommes au point de faire produire à la nature tout ce qu'elle peut donner. Les économistes ont cru que, pour faire prospérer l'agriculture, et rendre le peuple heureux, il falloit porter le pain à un prix très-élevé ; de prétendus hommes d'État ont pensé qu'on devoit défendre l'exportation des grains, pour maintenir cette denrée à un taux modéré ; des financiers ont eu pour maxime de forcer le peuple au travail, en le surchargeant d'impôts ; des soi-disant philosophes ont rêvé, et ce qui est plus fâcheux, prêché, que pour bannir la pauvreté, il falloit proscrire la richesse ; un gouvernement sage aura atteint le but, quand l'opulence dépensera et ne thésaurisera pas ; quand l'indigence travaillera, et ne volera pas ; quand l'industrie sera protégée comme les propriétés ; quand il saura que le besoin appelle le travail, mais que la misère appelle la paresse, et conduit au brigandage.

(28) Le commerce Espagnol a des grandes obligations à Charles III. Il a dégagé celui de l'Amérique d'une multitude d'entraves qui en gênoient l'exploitation ; il a ouvert de nouvelles routes à celui de l'Inde ; il a procuré à ses sujets celui du Levant, qu'ils ne connoissoient pas.

La France fit bien dans les tems quelques efforts pour s'y opposer ; mais ils furent foibles et infructueux, parce qu'elle ne connut pas l'importance dont il étoit pour elle, de ne pas laisser les Turcs s'accoutumer aux beaux draps d'Espagne. Il est vrai que la cherté dont ils sont, s'oppose à ce qu'il s'en fasse un grand débit ; mais, si les Espagnols parviennent à fabriquer des qualités inférieures et d'un usage plus général, ils porteront un coup funeste au commerce Français, que l'impéritie du ministère, la mauvaise foi des fabriquans, et l'avidité des Marseillois, avoient laissé décheoir avant cette guerre, dans une progression effrayante pour l'avenir.

(29) Depuis la ligue de Cambrai, jusqu'à la coalition, dont les armées de la République ont si glorieusement triomphé, et que les prétentions exagérées du gouvernement feront peut-être se réunir d'après un nouveau plan ; les traités d'alliance offensive et défensive n'ont jamais rempli parfaitement leur objet.

Le Pacte de Famille livra en 1763 les trésors de la Havanne aux Anglais, que le duc de Choiseul croyoit effrayer, et qu'il ne réussit qu'à enrichir ; l'habileté du comte d'Aranda fit tourner au profit de l'Espagne les résultats de la guerre de 1778, et perdre à la France les avantages que sa position dans l'Inde devoit lui assurer ; M. de Vergennes, en déployant tous les ressorts de sa politique, pour détacher les Hollandais de l'alliance de l'Angleterre, se chargea de défendre leurs Colonies et de protéger leur commerce, lorsqu'il étoit plus sage et plus facile de conquérir les unes et d'anéantir l'autre, la République française vient de donner aux Anglais le cap de Bonne-Espérance, et les riches établissemens qu'elle pouvoit prendre pour elle-même .... C'est ainsi que, toujours instruits par l'expérience, et n'en profitant presque jamais, les ministres ne font que recommencer les fautes de leurs prédécesseurs : semblables en cela au reste des hommes, à qui le passé sert bien rarement de leçon pour l'avenir.

( 30 ) Que le gouvernement Français ait donné la paix à l'Espagne, au moment où Madrid sans défense attendoit les vainqueurs pour leur ouvrir ses portes ; où d'immenses trésors s'offroient aux armées pour les enrichir, et à la nation pour l'indemniser ; où la révolution si avide de se propager, étoit prête à s'emparer d'un grand peuple, et à détrôner un grand roi, et un roi de la famille proscrite; que le gouvernement Français, dis-je, ait, au milieu de ses triomphes, voulu rassurer l'Europe, en lui présentant un gage de sa modération, je le conçois. Mais que le desir de se venger des Anglais, et l'espoir de détruire plus promptement leur puissance, l'aient conduit à forcer l'Espagne, qui ne pouvoit le servir, qu'en gardant la neutralité, d'exposer sa marine à la destruction, et ses Colonies à la conquête ou à la révolte; qu'il ait mieux aimé livrer le commerce Espagnol aux corsaires Anglais, que de voir ses vaisseaux neutres, verser dans les ports de France ses denrées Coloniales, et en exporter les production du pays : c'est une faute que les évènemens de la guerre ne répareront pas, et qu'ils pouvoient rendre plus funeste qu'elle ne l'a été. Il peut être glorieux d'enlever Gibraltar aux Anglais; mais, si l'Espagne devenoit jamais ce qu'elle pourroit être, cette clef de la Méditerranée seroit bien plus dangereuse entre ses mains qu'entre celles de l'Angleterre, que l'éloignement empêche jusqu'à un certain point d'en faire usage, et qui la garde par vanité plus que par intérêt.

( 31 ) Le marquis de Pombal avoit tenté de ranimer le commerce en Portugal , et sinon de l'enlever aux Anglais, au moins de le partager avec eux ; ses efforts furent vains, et ne parvinrent qu'à obtenir de la Cour de Londres, quelqu'adoucissement au style impérieux dans lequel elle dictoit ses loix. La guerre contre l'Espagne fit encore mieux sentir aux Portugais, le besoin qu'ils avoient de l'Angleterre ; les liens qui l'attachent à elle , se resserrèrent et se resserrent tous les jours ; la guerre actuelle les rend plus durables ; et des chaînes plus pesantes , imposées par des conquérans , qui ne feront rien pour les adoucir , peuvent seules rompre celles que l'industrie fait bien porter tranquillement à la paresse , en les couvrant de quelques fleurs.

(32.) C'est une bien mauvaise politique que celle qui ne connoît que le despotisme de la force, ou l'intérêt de la cupidité. Des alliés dont on veut faire des esclaves , servent mal tant qu'ils sont foibles , et se révoltent dès qu'ils sont forts. Un État qui dépouille ses voisins , enrichit quelques individus, et s'appauvrit lui-même. Il n'est que trop vrai pour les nations , comme pour les particuliers , que les hommes sont comme les champs qu'on ne cultive qu'afin de les moissonner ; mais le despotisme , la cupidité , l'ambition flé-trissent, dessèchent, dévastent, et ne culti-vent pas : elles dévorent le présent , et ne recueillent point l'avenir.

(33) Les empereurs Ottomans ont été con-quérans , parce que, les premiers en Europe , ils ont eu une infanterie réglée. Ils ont céssé d'être redoutables à leurs ennemis , parce que , loin de perfectioner leur tactique , ils l'ont laissée au même point où l'avoit portée le vainqueur de Constantinople ; et ne font pas même exécuter leurs anciennes loix militai-res, qui, ponctuellement suivies sans être même perfectionnées , suffiroient encore pour former d'excellens soldats. Ces loix détermi-nent l'habillement des Janissaires , et chacun d'eux se vêtit à son gré ; elles leur donnent un armement uniforme, et ils se pourvoyent à leur fantaisie de fusils, de sabres , de pis-tolets, du calibre et de la proportion qui leur convient ; elles leur prescrivent des exer-cices réglés , et ils ne manœuvrent jamais ensemble ; elles les composent d'enfans de

tribut , élevés dans les principes les plus sévères et les plus exaltés ; et ils ne sont qu'un
corps indiscipliné , sans ensemble, et où l'on
achète les places , pour lesquels autrefois on
ne payoit que de sa personne. Les Spahis ,
cavalerie qui n'est jamais réunie qu'en tems
de guerre, forment un corps également redoutable par sa bravoure , et facile à vaincre
par son indiscipline et son ignorance des manœuvres ; l'artillerie , toute instruite qu'elle
a été par des Européens, n'a appris qu'à
tirer vîte , sans presque jamais atteindre le
but ; le reste des troupes, Grecs, Arnaoutes,
Enfans perdus , ne fait que piller : de sorte
que la nation la plus courageuse , la plus
sobre, la plus formidable par ses principes
religieux , qui offrent le paradis pour ré-
compense à ceux que la mort atteint sur le
champ de bataille , voit ses nombreuses armées constamment battues , parce que ses
guerriers ne combattent jamais ensemble ;
parce que ses généraux et ses soldats ne
connoissent ni l'art de commander , ni la
nécessité d'obéir.

Les loix civiles, pour la plupart , très-
simples et très-sages sont également , ou
tombées en désuétude , ou mal exécutées , ou

devenues insuffisantes ; parce que les tems pour lesquelles elles avoient été faites ont changé. *Le canon* des sultans Sélim et Soliman présente le code le plus fait pour rendre un peuple heureux. La volonté du Prince y est comptée pour rien ; la loi seule et la loi égale pour tout y déploye son autorité bienfaisante. J'en citerai seulement deux articles, où le respect pour la vie des hommes et leurs propriétés est consacré d'une manière bien remarquable ; l'une est relatif aux procès criminels. Il porte : *Que les juges qui examineront les preuves du crime dont le coupable seroit digne de mort , ne connoîtront point le nom de l'accusé ; afin que des motifs de haine , ou d'indulgence , ne puissent point influer sur leur opinion ;*

L'autre détermine les dégrèvemens , qui seront accordés aux habitans des rives du Nil, lorsque ce fleuve ne se sera point élevé à la hauteur nécessaire pour inonder et fertiliser les campagnes. Il ordonne *que les experts nommés pour fixer la remise qui sera faite sur l'impôt aux propriétaires , dont la récolte aura souffert , ne seront point choisis dans les villages voisins , mais dans des cantons assez éloignés pour que la justice seule,*

*et non la partialité, préside aux évaluations.*
*Il ajoute, que les frais de voyages et de sé-*
*jour de ces experts seront aux frais du*
*Prince ; parce qu'il ne faut pas que le sujet*
*qui demande une diminution de charge, soit*
*obligé de payer pour l'obtenir.*

Pourquoi marche-t-il à grands pas vers sa dissolution, cet Empire immense, où les loix religieuses sont si étroitement liées avec les loix civiles et les mœurs ; où la jurisprudence est simple ; où les anciennes institutions militaires avoient formé des conquérans ; où les hommes sont sobres et courageux ? C'est qu'attaché à ses anciens usages, il n'a rien perfectionné ; c'est qu'il compte plus d'esclaves que de sujets ; c'est que sa religion favorise l'ignorance, et le fatalisme l'apathie ; c'est qu'enfin son gouvernement est militaire ( *a* ) et que le gouvernement militaire est le pire de tous.

---

( *a* ) Le palais du Sultan, à Constantinople, est un véritable quartier-général. Le Grand-Visir, à cheval, et suivi d'une troupe nombreuse, y va présider au Divan. Les Janissaires y reçoivent leur paye. Les deux Cadi-el Asker, grands juges, l'un de l'armée d'Europe, l'autre de celle d'Asie, y décident les causes ; en un mot,

(34) Lorsque M. de Vergennes nomma le comte de Choiseuil-Gouffier, ambassadeur à la Porte, on le blâma avec raison d'avoir confié ce poste à l'auteur d'un ouvrage qui appeloit les Grecs à la liberté, et invitoit l'Impératrice de Russie à seconder leurs efforts.

C'est sans doute à tort qu'on a prétendu que le gouvernement français fomentoit l'insurrection prête à éclater en Candie et dans plusieurs Isles de l'Archipel, et favorisoit les Mainotes dans leur projet de faire revivre chez eux la gloire de Lacédémone. Il n'ignore pas que ces descendans des Spartiates, toujours cherchant à secouer le joug des Turcs, n'ont jamais été parfaitement soumis, et que cette poignée de brigands, dont on veut faire des héros, n'exercent que deux métiers fort peu héroïques, celui d'assassins dans leurs montagnes, et de pirates sur leurs côtes; et sa conduite avec le roi de Sardaigne prouve

---

tout s'y fait militairement; et quel que soit le respect qu'on porte aux gens de loix; quelle que soit la prépondérance du Muphti, la véritable puissance réside dans le Grand-Visir, dans les Pachas, et par conséquent dans les corps militaires.

( 119 )

que, s'il protége la liberté des peuples, il n'en est pas moins fidèle à ses traités.

Mahomet enseignoit, le sabre à la main, les dogmes qu'un ange venoit de lui dicter; mais Mahomet prêchoit en fanatique une religion nouvelle; il n'étoit point l'allié des Princes dont il vouloit convertir les sujets, et la liberté n'est point une religion; elle ne doit être ni proclamée par la force, ni admise par la terreur, ni propagée par les passions.

(35) C'est la réponse qui m'a souvent été faite par des hommes qui, sans s'aveugler sur les projets des Russes et leurs moyens de les réaliser, ne s'en inquiétoient nullement.

*Les chrétiens nous payent aujourd'hui le tribut, me disoient-ils; eh bien, nous le leur payerons un jour, ou nous quitterons cette terre que Dieu nous a donnée, et que Dieu nous ôtera quand il voudra.*

Le fanatisme en tout genre produit l'esprit de conquête; le fatalisme engendre l'insouciance qui ne prévient rien, et la résignation qui souffre tout.

(36) Tant que les Russes, pour amener à grands frais, et sans beaucoup d'utilité, leurs flottes de la Baltique dans l'Archipel, ont été obligés d'obtenir, en quelque sorte, la permission de l'Angleterre, et de se conformer aux conditions sous lesquelles elle leur avoit été accordée, la politique des grandes Cours de l'Europe pouvoit défendre avec succès la capitale de l'Empire Ottoman. Aujourd'hui que les vaisseaux Russes, que n'arrêteroient pas les forts mal construits du détroit, peuvent en vingt-quatre heures se montrer à la vue de son port, et débarquer des troupes presqu'aux pieds de ses foibles remparts, le sort de Constantinople dépend de l'ambition et de la volonté des successeurs de Catherine.

(37) De ce que les Turcs ont souffert que les Chrétiens leur construisissent des vaisseaux, on en a conclu qu'ils se laisseroient aussi former des marins et des soldats ; on n'a pas vu que, si leurs préjugés religieux leur permettent d'employer des infidèles, c'est en qualité d'ouvriers qu'ils payent et qui leur obéissent, mais que les Musulmans ne se laisseront jamais instruire et commander par

des hommes que leur croyance leur enseigne à mépriser. Le Gouvernement français a été bien grossièrement trompé par ses agens, s'il a cru recevoir des Turcs des secours efficaces, ou les engager à employer utilement les officiers de terre ou de mer qu'il envoyoit pour les instruire, et qui ne réussiront pas même à s'établir parmi eux. Les Chrétiens ne formeront point les Turcs à la tactique Européenne; et les ambassadeurs de Sélim, s'ils recueillent en Europe quelques connoissances, ne les répandront pas chez eux.

(38) Des brigands infestoient les campagnes et menaçoient les villes ouvertes ; des gens de guerre mal payés pilloient le paysan qu'ils devoient défendre ; des soldats licenciés se formoient en bandes noires, et portoient par-tout l'effroi ; les cultivateurs dépouillés, les bourgeois insultés, les commerçans inquiétés, eurent recours aux grands propriétaires, qui leur donnèrent asyle dans leurs châteaux, fortifièrent les villes, s'armèrent pour la sûreté des grands chemins. De-là prirent naissance le régime féodal, les redevances, les péages, etc. Seroit-il bien extraor-

dinaire que les mêmes maux appelassent les mêmes remèdes ?

(39) Pendant que je rassemblois ces pensées, pour les offrir à la méditation de nos hommes d'Etat, quelques étrangers, peut-être soudoyés par l'Angleterre, leur montroient la banque de Londres en pleine faillite, l'Irlande secouant le joug, Pitt massacré par le peuple en insurrection, l'Angleterre démocratisée, et sa régénération complète opérée le poignard et la torche à la main.

Le Gouvernement étoit loin d'accueillir ces avanturiers, et d'imiter Lafayette, qui, à chaque courier de Londres, comptoit recevoir la nouvelle de l'abolition de la pairie, et de l'établissement de sa démocratie royale ; mais il tenta peut-être trop tôt une descente en Irlande, que les vents seuls repoussèrent, mais où l'on avoit trop dit à nos généraux que les *défenders* étoient le peuple.

S'il a eu quelque part à la révolte des matelots, il a dû croire un moment détruire la marine anglaise, qu'une espèce de miracle a sauvée de sa ruine totale, deux heures avant qu'elle dut être consommée.

Aujourd'hui, il annonce hautement le projet d'une descente en Angleterre, et prend ainsi l'engagement public et formel de l'effectuer.

J'ai dit (notes 11, 12 et 13), que rien n'annonce en Angleterre une révolution prochaine, ni une banqueroute imminente ; qu'une coalition de toutes les puissances maritimes est impraticable ; qu'enfin Caton servit mal la république Romaine, en répétant sans cesse : *Delenda est Carthago.*

Mon opinion n'est point changée ; et, loin de la croire en opposition avec les vues du Directoire, je la trouve parfaitement conforme avec les proclamations qu'il publie et les mesures qu'il prend.

S'il voyoit une révolution prête à éclater en Angleterre, s'il croyoit la banque en péril, il attendroit les effets d'une subversion prochaine, pour en profiter ou les appuyer. Appercevant, au contraire, que l'opposition foiblit et que la puissance du ministère semble puiser de nouvelles forces dans les assauts qu'on lui livre, il appelle les Français à l'entreprise la plus glorieuse, celle d'aller dicter à Londres une paix digne des triomphes de la république ; il invite les puissances neutres à favoriser de leurs vœux une tentative dont l'objet est d'assurer la liberté des mers ; mais

H 4

il ne recherche point leur appui, il ne forme point de coalition, il n'admet à combattre avec lui que ses alliés ; il dévoile la conduite du cabinet de Saint-James, expose franche-ment la sienne, publie ses desseins, et offre à l'Angleterre les moyens de terminer une guerre funeste par une paix solide, que la république ne refuse pas de lui donner.

Caton vouloit anéantir Carthage et rayer les Carthaginois du livre des nations; Rome exécuta ce projet, et Rome perdit sa liberté.

La France ne se propose ni de détruire l'An-gleterre, ni d'anéantir le peuple Anglais ; elle ne menace qu'un Gouvernement qui a armé contr'elle l'Europe et des Français égarés ou fugitifs ; elle fait même un appel aux amis de la liberté anglaise. Il y a loin de-là au *delenda est Carthago.*

Les armées françaises ont acquis le droit de ne point connoître d'obstacles , quand le courage suffit pour vaincre. Mais le courage ne surmonte ni l'impétuosité des vents, ni la fureur des flots ; et la descente la mieux concertée peut échouer par les hasards de la mer ou les suites d'un combat que la va-leur ne décide pas toujours.

Ce que je trouve de plus avantageux dans

le développement actuel des forces nationales, c'est qu'il me paroît assurer la paix,
quand même le succès ne le couronneroit
pas.

On ne m'accusera point d'avoir atténués
les ressources et les moyens de l'Angleterre ;
on me reprocheroit plutôt de les avoir exagé-
rés. Mais elle ne soutient la guerre que par
des emprunts ; elle ne remplit ses emprunts
qu'en montrant un gage sûr aux prêteurs ;
elle ne trouve ce gage que dans des impôts
nouveaux ou dans l'extension des anciens ;
et quand la matière imposable manquera,
ce dont le moment approche et s'accélère en
raison des préparatifs d'une défensive ruineuse, elle sera forcée à recevoir les conditions de paix qu'on voudra bien lui imposer.

Si, dans le cours de cet ouvrage, je n'ai pas
flatté le Gouvernement, c'est avec la même
franchise, c'est avec le même esprit républicain que j'applaudis à ses mesures et à la pu-
blicité qu'il leur donne.

Qu'il termine le grand ouvrage de la paix
continentale, dont il n'est plus tems de né-
gocier, mais d'imposer les conditions ; qu'il
proclame et protége la liberté des mers ; qu'il

évite les écueils où se brisa la fierté romaine et l'orgueil de Louis XIV et nous verrons la France devenir l'objet du respect et de l'amour de l'Europe, après en avoir été la terreur.

En un mot, qu'il gouverne et ne règne pas ; qu'il unisse au pouvoir de la loi celui de la persuasion ; qu'il n'oublie jamais qu'un Roi est un être physique sujet aux défauts de l'humanité, et qu'un Gouvernement tel que le nôtre est un être métaphysique, impassible comme la constitution qui l'a créé ; que toujours un avec les représentans, qui sont la pensée du peuple, comme il en est l'action, il marche sans cesse avec eux dans la route du bonheur public, et la patrie reconnoissante lui rendra bien faciles et bien douces à remplir les fonctions qu'elle lui a confiées.

# ABRÉGÉ

## DE

## L'HISTOIRE DE FRANCE,

Depuis 1787 jusqu'en 1798.

---

LES lumières acquises sur l'homme au masque de fer avoient répandu quelques doutes, au légitimité des droits de Louis XIV au trône de France. Les anecdotes recueillies sur la duchesse de Bourgogne faisoient soupçonner que Louis XV pouvoit ne pas descendre d'Henri IV, au moins par son père.

Les ouvrages des encyclopédistes sappoient jusques dans ses fondemens, un des plus fermes appuis du trône des rois.

Les préambules de M. Turgot accoutumoient le peuple à raisonner sur les édits ; et l'autorité, à entendre discuter les actes émanés d'elle.

Les déshabillés de la reine , les fracs de la Cour et les mésalliances de la noblesse avoient succédé à l'étiquette , au faste , à l'orgueil généalogique; et les voiles sous lesquels s'étoient autrefois cachées les grandeurs factices disparoissoient peu-à-peu.

Louis XVI, en aidant les colonies anglaises de l'Amérique à secouer le joug , avoit formellement reconnu les droits imprescriptibles des nations. La jeunesse française , qu'il croyoit n'envoyer qu'à l'école de la gloire , avoit été à celle de la liberté, et en rapportoit des principes et des exemples.

Le crédit public avoit entretenu sans impôts une guerre très-dispendieuse ; mais il avoit contracté des dettes immenses, et la France n'avoit acquis, par la guerre, que de la gloire, et un grand déficit dans ses finances.

Les comptes rendus de M. Necker ne calmoient pas toutes les inquiétudes. On en contestoit la fidélité ; on étoit d'accord sur les maux, et divisé sur l'efficacité des remèdes ; et l'espèce de controverse qui s'établit produisant plus de mécontentement que de lumières ne fut pas favorable à l'autorité.

L'assemblée des notables vint mettre à nud toutes les plaies, sans en soulager aucune. Elle indiqua plus de palliatifs que de remèdes, montra le mal, et ne fit pas le bien.

Brienne et Lamoignon entreprirent de rétablir l'autorité, et dévoilèrent sa foiblesse en croyant déployer ses forces. Ils vouloient soumettre, et ne furent pas même obéis ; ils essayèrent de ramener, et ils aigrirent; ils portèrent à son comble le désordre des finances qui aveugle les rois, et à son dernier période l'esprit de discussion qui éclaire les peuples.

Cependant la Cour , en faisant le plus mauvais usage de sa puissance , provoquoit l'examen le plus rigoureux de ses droits.

Elle hâtoit la convocation des états-généraux , en multipliant tous les actes arbitraires qui devoient rendre leur réunion plus dangereuse pour elle. Elle sembloit se plaire à creuser l'abîme où elle devoit s'engloutir.

L'impuissance rappela Necker qui, ramené par l'orgueil , ne justifia ni l'opinion publique ni celle qu'il avoit de lui-même.

Le manque de moyens, et sa vanité , le pressèrent de rassembler la nation. Il dédaigna d'influer sur les choix, parce qu'il se promettoit de diriger les députés qui seroient choisis , se crut investi sans retour de l'opinion publique , et ne douta pas du crédit qu'elle lui assureroit dans l'assemblée.

Des causes très-multipliées (a), se
réunissoient pour produire un seul effet,
le desir, le besoin même d'une grande
reforme. Deux ordres préparant quelques sacrifices pour en éviter de plus
grands ; le troisième , occupé à connoître ses droits , mais disposé à mettre de la modération dans ses prétentions ; un vœu général dans le peuple
de conserver les formes monarchi-
ques, des élans vers la liberté , plutôt
qu'une marche uniforme dans la route
qui y conduit; une Cour décidée à céder une partie de son autorité pour
conserver le reste et peut-être regagner
ensuite plus qu'elle n'auroit perdu ;
un ministre qui vouloit la constitution
anglaise et n'osoit la proposer ; quelques hommes qui entrevoyoient de
loin la république , sans se flatter encore de renverser la monarchie; beaucoup d'intrigants qui se préparoient à
profiter des circonstances; des craintes,
des espérances , et un sentiment uni-

versel de fierté dans l'exercice du droit qu'on venoit de recouvrer ; voilà ce qu'entrevoyoit l'observateur , à l'époque où la nation française se réunissoit pour confier ses destinées à des hommes dont un grand nombre étoit encore bien loin de se pénétrer de l'importance des augustes fonctions qu'il alloit remplir ; tandis que plusieurs s'occupoient déjà des moyens de se servir du peuple, et non de le servir.

Lorsqu'enfin les états - généraux se réunirent, l'esprit de mécontentement étoit par-tout ; mais l'esprit de conduite n'étoit nulle part. Il y avoit des projets , et point de plans. Il se préparoit des insurrections , et point de chefs ; et la nation touchoit au moment de se trouver en pleine révolution , lorsque ceux qui aspiroient à être ses meneurs, n'ourdissoient encore que les trames d'une intrigue de Cour.

Les discussions interminables , sur la vérification des pouvoirs, embarras-sèrent

sèrent le ministre alors tout puissant ; il crut trancher les difficultés par une séance royale dont il organisa les formes , et à laquelle il s'abstint d'asister , parce qu'on avoit fait quelques changemens à son plan.

Cette séance, qu'on avoit cru destinée à la conciliation , et qui consomma la scission , fut revêtue de l'appareil du despotisme le plus révoltant. Elle n'en imposa qu'à ceux des députés qui n'en avoient pas besoin pour obéir ; elle indigna la majorité ; anéantit les états-généraux ; créa l'assemblée nationale ; perdit la noblesse et le clergé ; changea le ministère , et entraîna la Cour hors de toutes ses mesures. Tour-à-tour tyrannique et foible , impérieuse et impuissante , l'autorité voulut tantôt renverser, tantôt adoucir ; et ses menaces furent aussi vaines que ses caresses. Elle ne réussit qu'à développer l'esprit révolutionnaire.

Il fallut alors rappeler Necker ; et le

peuple, en courant en foule au-devant de son idole, ne se doutoit pas qu'il alloit bientôt la briser.

S'il est vrai qu'une partie de la haute noblesse ait eu dans le commencement des états-généraux, le projet ou l'espérance d'élever l'autorité des grands sur les débris de celle du roi ; si un prince, plus prodigue qu'ambitieux, s'étoit laissé entraîner à l'espoir de gouverner au nom de son frère ; si des ministres s'étoient flattés de ramener l'obéissance avec des soldats, et le roi de regagner la confiance par des discours ; le 14 juillet, et ses suites, firent rentrer ces chimères dans le néant.

Un grand nombre de députés et de courtisans prit lâchement la fuite, et la peur commença à exercer l'empire qu'elle a si long-tems conservé.

Tandis que Philippe d'Artois s'éloignoit, Philippe d'Orléans restoit entouré d'un parti tous les jours plus nombreux, mais qui ne le vit jamais à sa tête, le prit pour cri de ralliement, plutôt que pour chef, ne lui confia pas tous ses secrets, essaya souvent sans succès de se servir de lui, et ne le servit point.

Ce prince, plus rapace qu'avide, plus avare que dépensier, moins épris des charmes de la liberté qu'enivré des excès de la licence, plein de moyens et dénué de qualités, contempteur de l'opinion publique, jusqu'au moment où il crut qu'elle pouvoit l'enrichir, ne chercha que la vengeance, quand il ne tenoit qu'à lui d'aspirer à l'autorité.

Il convoita tout, et ne sut rien saisir que l'or des dupes; sans courage, sans énergie, sans suite; il échappa sans cesse à l'occasion, comme l'occasion échappe aux autres hommes; il approuva le crime et n'osa pas le commettre, spécula en émeutes, agiota en popularité, et ne vit jamais, dans le pouvoir, que les trésors dont il donne la disposition. Il se ruina, dans la vue de s'enrichier, ne profita point des évènemens, et fut abandonné par son parti qui désespéra de lui, aussitôt qu'il le connut bien. Le peuple l'oublia dans sa prison, et ne s'en souvint que pour aller applaudir à son supplice. Sa faction lui survécut long-tems.

Cependant l'effervescence augmentoit, et ses effets devenoient effrayans; l'assemblée ne gouvernoit pas encore, et le roi ne gouvernoit plus. Necker, abandonné par l'opinion publique, cherchoit en vain à obtenir des éloges et de l'influence; de petits hommes, se croyant appelés à de hautes destinées, portoient aux halles leurs flatteries rebutées à Versailles; des intrigans et des scélérats de tous les pays accouroient pour diviser et dépouiller la France. Le peuple, s'élançant vers la liberté, s'égaroit souvent sur les pas des hommes qui le trompoient; le besoin de faire une constitution devenoit pressant;

mais les circonstances n'étoient pas favorables, le tems étoit court, et la nécessité urgente ; elle amena le serment
du 4 février. Il fut répété par toute la
France, et l'assemblée s'occupa efficacement de rédiger et de décréter les
articles constitutionels dont l'ensemble
devoit étre offert à la sanction du
roi. Ce travail, rendu très-difficile par
les agitations combinées pour l'influen-
cer, fut interrompu par le départ de
Louis XVI. Les hommes vraiment
épris de la liberté eussent proclamé la
république, le jour où la déclaration
du roi fugitif fut lue à l'assemblée. La
France l'eût adoptée, sans qu'elle lui
coûtât une goute de sang, et des années de troubles et de crimes ne souil-
leroient pas ses annales. Mais la majorité tenoit encore aux préjugés mo-
narchiques, et quelques hommes in-
fluens avoient besoin d'un phantôme,
sous le nom duquel ils vouloient régner. C'est ainsi que, dans les théo-

craties (*b*), les prêtres, conservent le simulacre de leur divinité, jusqu'à ce qu'il trouve, un audacieux qui ose ne plus commander au nom de son Dieu, mais au sien.

Le système absurde et mesquin de la démocratie royale avoit produit le code le plus aristocratique qui eût jamais pesé sur aucune nation; la souv raineté du peuple n'étoit reconnue qu'afin de s'arroger le droit de la concentrer toute entière dans l'assemblée. La division illusoire des pouvoirs les réunissoit tous dans les comités. Le roi recevoit de la nation 25 millions de traitement, pour n'être que le secrétaire des commandemens des législateurs, c'étoit un fonctionnaire inutile ou dangereux.

Les reviseurs de ce code ne le perfectionnèrent pas; on les accusa de s'être vendus à la Cour qui, si elle les acheta, fit un bien déplorable usage de son argent, et la constituante offrit à

la sanction royale cette charte éphe-
mère qui montroit la liberté et ne la
donnoit pas , pouvoit conduire le roi
au despotisme ou à l'échafaud , préparoit de loin le trône de Robespierre , et
devoit bientôt être anéantie par le
pouvoir exécutif , ou tomber d'une
même chûte avec lui.

Louis XVI l'accepta sans répugnance
marquée , excepté pour la constitution
civile du clergé. Il fit peut-être de bon-
ne-foi le serment de la maintenir; ses
ministres jurèrent en secret de la détruire; ses auteurs se séparèrent , la
plupart sans trop compter sur sa durée ,
quelques-uns pour aller cabaler contre
elle. La nation se livra à la joie , les
amis éclairés de la liberté espérèrent
moins qu'ils ne craignirent , et les députés à la législature se rassemblèrent
sans trop savoir s'ils venoient affermir
la constitution , ou en préparer une
nouvelle.

En se réunissant , ils se divisèrent ,

leur marche fut toujours vacillante, leurs décrêts peu respectés, leurs délibérations influencées par l'intérêt ou par la peur. Ce qu'on appela la faction de la Gironde avoit apporté des espérances, sinon des intentions républicaines, et la force irrésistible des choses, bien plus puissante que leurs vœux et leurs efforts, entraînoit vers la république, qu'appeloient les fautes de la Cour, les intrigues de ses partisans, les vices de la constitution, les égaremens et les désordres du peuple, les menaces des étrangers, et les vains anathêmes, les sermens sincères ou fallacieux dont rétentissoit chaque jour cette assemblée sans pouvoir et sans considération, qui ne sut ni faire le bien, ni empêcher le mal.

Le 10 août termina la lutte. La législature sentit qu'il étoit tems de se dissoudre ; elle convoqua la convention ; bientôt la république fut proclamée, et le génie de la liberté touchoit au moment de l'établir, lorsque le génie de la licence redoubla ses efforts, pour perpétuer l'anarchie. Je ne retracerai, ni les horreurs dont il entoura le berceau de la république, ni les crimes dont il souilla son enfance. Quand le tems des jouissances est venu, le tems des souvenirs est passé. La convention exerça pendant quelque tems tous les pouvoirs ; elle se fit le centre de la puissance ; elle ne fut pas celui de l'union. Tandis qu'on y accusoit des généraux de trahison, et des députés de fédéralisme, la commune de Paris s'érigeoit en autorité rivale, se ménageoit des complices dans le sein de l'assemblée, concertoit avec eux des proscriptions. Les partis se prononcèrent ; un comité fut nommé pour découvrir les complots, et en devint la victime. La garde-nationale fut réunie, sans savoir pourquoi on l'armoit, et la convention entourée, sans connoître les auteurs et les motifs de cet attentat ;

Henriot lui dicta ses loix ; et la journée du 31 mai fut célébrée comme un triomphe mémorable pour la liberté jusqu'à ce que le neuf thermidor l'eût consignée dans les époques de l'esclavage.

Les vainqueurs avoient besoin d'un simulacre de constitution. Ils se hâtèrent de rédiger le code anarchique de 1793, et de l'ensevelir dans leurs archives, comme les israélites avoient enfermé leur loi dans l'arche sainte, d'où les prêtres ne la tiroient que pour l'interprêter à leur gré. Le gouvernement provisoire et révolutionnaire, fut entièrement confié au comité de salut public, qui le recut d'abord, comme un dépôt, et l'exerça ensuite comme un droit. Ses membres se perpétuèrent dans leurs fonctions ; il domina l'assemblée ; il s'adjoignit des proconsuls, et la France trembla devant lui. Il déploya une grande énergie, et une grande cruauté ; il commit de grands crimes, et il fit de grandes choses ; il ne travailla pas au bonheur

de son pays, mais il ramena la victoire autour de ses drapeaux ; il cacha les fers de
l'esclavage sous les lauriers du triomphe ; et, nouveau décemvirat, rèmpa
sous Robespierre, qui n'étoit pas un
Appius ; et fut entraîné dans la chûte
de ce vil tyran, dont il ne sut ni partager la puissance, ni préparer la ruine,
ni saisir les dépouilles.

Cependant l'esprit de liberté avoit
surnagé au milieu des attentats multipliés pour le détruire.

Les prodiges des armées républicaines,
surpassoient les atrocités des armées ré-
volutionnaires, et la gloire couronnoit
la France au dehors, quand la terreur
l'ensanglantoit au dedans.

Le sang du tyran effaçoit toutes les
lignes de son code informe, que l'esclavage avoit reçu des mains de la terreur. La république restoit sans constitution, et il étoit instant d'en rédiger
une, que la liberté pût souscrire.

Divisée long-tems par les factions,

maîtrisée successivement par des hommes, dont la postérité ne saura pas même les noms; esclave sous le comité de salut public, anéantie sous Robespierre, la convention fut véritablement grande le jour qu'elle établit un nouveau comité de constitution; et plus grande encore, lorsqu'elle adopta son ouvrage.

Des hommes investis d'une puissance absolue et non contestée, des hommes qui voyoient l'obéissance et la soumission de la terreur, sanctionnées après le 9 thermidor, par les hommages de la reconnoissance; des hommes à qui l'on avoit tout pardonné, à qui l'on n'étoit pas loin de tout permettre, et qui s'empressent de se dépouiller de leur autorité, d'organiser un pouvoir exécutif vigoureux, de rentrer dans la classe des citoyens; ces hommes dis-je, quelques reproches qu'ils eussent encourus, méritent plus que de l'indulgence; on leur doit des éloges.

La constitution avoit été acceptée,

les autorités créés par elle s'organisoient, lorsque les mouvemens de Vendémiaire semblèrent menacer d'éloigner le moment où elle seroit mise en activité. Ils furent plus inquiétans que dangereux ; on n'y trouva ni l'unanimité de l'insurrection, ni la résistance de la révolte, on dissipa des mutins, et la convention n'abusa point de son triomphe. Elle nomma les hommes entre les mains de qui elle alloit déposer une grande partie de son pouvoir ; elle remit celle qui lui restoit à ses successeurs, et l'époque qu'elle avoit fixée pour se dissoudre ne fut point retardée.

La constitution, au milieu des guerres extérieures et des troubles intestins, marcha d'un pas plus ferme qu'on n'eût osé l'espérer : des traités glorieux, et des victoires signalées, annoncèrent le retour de la paix générale, et si l'ordre ne fut pas entièrement rétabli, de grands désordres furent réprimés.

Une attaque concertée avec quelqu'adresse, mais sans vigueur, et repoussée avec énergie, mais sans cruauté, a consolidé la république et la liberté.

La paix continentale va fermer le gouffre, où s'engloutissoient le sang et les trésors de la France.

Puissent son commerce et sa prépondérance maritime, la placer bientôt au rang qui lui appartient.

Puissent les assemblés primaires, éloignant d'elles toutes divisions, tout esprit de parti, devenir, par la sagesse de leurs choix, l'époque du règne de la loi seule, de l'union des français, et du bonheur des hommes.

# RÉFLEXIONS

*Sur la République Française et son Gouvernement.*

J'AI tracé le tableau politique de la France et de l'Europe, dans un moment où la France et l'Europe présentoient, à l'observateur, des scènes si variées, qu'il avait peine à en saisir l'ensemble.

J'ai tâché d'atteindre, en écrivant, la rapidité des évènemens qui se pressoient en foule ; et détruisoient les raisonnemens de la veille par les faits du lendemain.

J'ai osé former des conjectures sur l'avenir, quand il étoit peut-être difficile, et dangereux de crayonner l'histoire fugitive du présent.

J'ai fourni quelques ébauches, pour le tableau de cette révolution, où les choses ont tant fait ; où les hommes ont fait si peu.

Je terminerai par quelques réflexions, sur la république et le gouvernement républicain, un ouvrage que l'esprit de parti n'a pas dicté, que la flatterie ne souille point, que la liberté ne désavouera pas.

Lorsque des hommes qui ont tout perdu, regrettent le passé ; lorsque des hommes qui n'ont pas tout obtenu devorent l'avenir ; lorsque des hommes sages, doutent encore si le gouvernement républicain convient à un pays d'une vaste étendue ; lorsque des citoyens, long-tems élevés au dessus des autres, sont prêts à déposer leur pouvoir ; lorsque le gouvernement n'a plus besoin, (d) pour faire respecter son autorité, que d'en bien connoître lui-même l'étendue, et les limites ; lorsque la paix va fixer les destinées de l'Europe, tandis que les assemblées primaires décideront du sort de la France : n'aura-t-il pas bien

bien mérité de sa patrie, le citoyen qui lèvera tous les doutes sur la stabilité de la constitution ?

La démocratie pure ou mitigée, l'aristocratie plus ou moins mêlée de démocratie, l'oligarchie : voilà les diverses formes sous lesquelles se présentent les républiques anciennes et modernes. Elles ont toutes eu des nobles et des plébéiens, ou au moins différentes classes de citoyens ; et ce qui est important à remarquer, la terre de la liberté n'étoit par-tout cultivée que par des esclaves : le peuple, à-peu-près oisif et au-dessus du besoin, n'avoit autre chose à faire, qu'à gouverner.

L'antiquité n'a point connu le gouvernement représentatif, tel qu'il est établi en France. La république américaine est la première qu'il l'ait adopté ; et je ne sais si le système fédératif n'affoiblira pas, avec le tems, les liens de l'unité.

Les divisions entre les différentes

K

classes de citoyens, et sur-tout entre les patriciens et plébéïens ; les usurpations du sénat, et les prétentions du peuple ; l'audace des tribuns, et l'orgueil des consuls ; l'asservissement des cliens, et l'influence des patrons ; le crédit des orateurs, le besoin de faire la guerre, d'abord pour se procurer un territoire, puis pour calmer les dissentions civiles, ensuite pour alimenter le trésor public, et bientôt pour satisfaire la cupidité des grands, l'esprit de conquête, et l'ambition du peuple roi ; la nécessité enfin, de la dictature, ou de toute autre autorité illimitée : voilà les causes qui ont amené lentement, ou précipité la ruine des républiques.

Elles se sont écroulées sous le poids du despotisme militaire, lorsque des armées trop nombreuses, après avoir vaincu pour la patrie, ont combattu pour leurs généraux ; et senti que l'autorité qui s'est élevée par la force, tombe aussitôt que la force ne la soutient plus.

Le gouvernement d'un seul a l'avantage de réunir, dans un même centre, les actions et les volontés. Il a tous les inconvéniens qui résultent de l'ivresse du pouvoir, et du délire des passions, quand aucun frein ne les contient.

La royauté élective a des dangers qui balancent les avantages qu'elle promet. Les élections sont environnées d'encore plus de troubles que les régences. Un monarque héréditaire regarde l'État comme son patrimoine ; et son intérêt lui conseille de le faire fleurir ; un monarque électif, cherche à enrichir, pendant sa vie, une famille qui ne doit point jouir après sa mort. Les principes d'administration, que son intérêt lui dicte, ne sont bons que pour lui.

L'autorité monarchique, est communément douce, quand elle ne trouve pas d'obstacles. Si elle en rencontre et les renverse, elle devient despotique ; si elle les élude, elle devient faible ; si elle se brise contr'eux , l'anarchie la remplace.

La constitution française offre , à la liberté , tous les avantages de la république , et la garantit de ses dangers.

Une et indivisible , la république française ne redoute aucun des inconvéniens du système fédératif.

Chez elle, tant qu'elle observera scrupuleusement sa constitution , point de distinctions qui divisent, point de sénat qui empiète , et de peuple qui réclame , point de tribun audacieux qui s'elève, de client qui rampe , d'orateur qui égare ; point d'agitations à calmer par des guerres extérieures. Un territoire immense doit préserver de l'esprit de conquête et de rapines. Une autorité suffisante éloigne à jamais le besoin d'un dictateur.

Elle n'est ni la démocratie fougueuse d'Athènes , ni le régime monacal de Sparte , ni l'aristocratie patricienne ou l'effervescence plébéienne de Rome; elle est sans modèle dans les formes qui la constituent, comme dans les victoires qui l'illustrent; et l'histoire des républiques, qui l'ont précédées, ne sera point la sienne, si elle le veut.

Avec une garde nationale active, organisée par la sagesse, et non par l'orgueil, avec une garde nationale sédentaire, bien composée, avec des généraux qui ne disent pas, et ne puissent jamais dire *mon armée*, le despotisme militaire n'ouvrira point son gouffre dévorateur.

Le gouvernement français peut avoir toute l'unité d'action, qui caractérise la monarchie. Il est une royauté métaphysique, exempte de passions, et douée de toute l'energie nécessaire. La perpétuité du directoire en fait un gouvernement qui ne meurt ni ne vieillit. Elle obvie aux régences, et prévient les dangers des élections. Le renouvellement des directeurs tempère l'ivresse du pou-

voir, et garantit à-la-fois, le gouver-
nant de l'ambition, qui cherche à se
populariser; le gouverné de l'enthousiasme qui se fait des idoles pour les
briser un jour.

Ce ne sera donc point en vain que la
France aura subi une révolution dont
les résultats doivent guérir les plaies
qu'elle a faites, si la constitution repose inébranlable sur ses bases, liberté et propriété.

Je suis cependant loin de prétendre
que cette constitution soit parfaite (e),
qu'elle ne se ressente pas des tems malheureux, où l'urgence des maux ne
permettoit pas de trop longues réflexions sur les remèdes; ce seroit le
langage de la flatterie, et les flatteurs
du peuple ne sont ni moins dangereux,
ni moins vils que ceux des rois.

Mais je pense qu'elle contient tous
les principes de perfectibilité, que le
tems et l'expérience peuvent développer,
et qu'il est facile d'étouffer les germes

de corruption qui s'y sont glissés. Ouvrage des hommes pour qui la perfection n'est point faite, elle promet au peuple tout le bonheur dont la destinée des mortels leur permet de jouir sur la terre.

Puissent la nation et le Gouvernement, au faîte de la gloire où la guerre de la liberté les a élevés, se souvenir que Louis XIV se fit aussi décerner le nom de grand, que son orgueil pesa sur ses alliés comme sur ses ennemis, que l'Europe trembla devant sa puissance, obéit et se vengea !

Puisse le peuple, qui a si bien défendu ses droits, égaler l'éclat de ses triomphes par sa modération, dont le règne est plus durable que celui de la terreur !

# NOTES.

( *a* ) L E mécontentement a fait la révolution ; mais il n'a pas créé seul l'esprit révolutionnaire. Plus d'une secte , plus d'un
systême l'ont produit, ou s'en sont emparés;
des imaginations exaltées , dans tous les
genres , ont exercé sur lui leur influence.
Les Francs - Maçons , héritiers de la haine
des Templiers contre les rois , et se croyant
les exécuteurs de leurs vengeances ont révélé
la doctrine secrète de leurs adeptes , et favo-
risé l'étonnante célérité des correspondances,
et l'art de les dérober aux recherches. Les
Illuminés ont fourni leurs principes , sur le
renversement des trônes , la république universelle , et l'anéantissement des sciences.
Ils ont prêché aux sectaires l'obéissance pas-
sive; ils ont enseigné aux chefs l'art mystérieux
de se concilier le respect et la soumission, et les
moyens de transmettre leurs ordres et d'en
assurer l'exécution. Le bas clergé a fait un
grand nombre de prosélytes au dogme de
l'égalité , si chéri des premiers chrétiens. Il a
aimé la révolution jusqu'à ce qu'elle l'ait dé-

pouillé, comme les capitalistes et les rentiers l'ont servie avant que les assignats eussent trompé leur espoir. Les protestans ont trouvé, dans les projets du duc de Rohan, le modèle de la division de la France en départemens ; et, dans le nouvel ordre de choses, la certitude d'être tolérés, avec l'espérance qu'aucune secte ne perd jamais de vue, celle de devenir un jour intolérans. Ils ont propagé l'esprit républicain, qui anima toujours les disciples de Calvin, quoique leur maître fut le plus despotique des mortels. Les mots d'humanité, de fraternité, de bonheur commun, si consolans quand on en fait une juste application, si dangcreux quand on en abuse, n'ont que trop souvent servi de devise à des ambitieux, dont la conduite n'étoit ni humaine, ni fraternelle, ni tendante au bonheur commun. La promesse d'une loi agraire ne devroit plus tromper personne, et n'a pas encore perdu sa vertu. Les idées de régénération, et d'époques marquées pour le retour de l'âge d'or, tiennent plus qu'on ne le croit à des systêmes cycliques et apocalyptiques que le tems n'a pas tout-à-fait détruit. Les théophilantropes n'ont pas attendu l'an cinq pour initier des hommes

de choix à leurs mystères , qu'ils ne révè-
lent point aux néophytes dont ils s'entou-
rent depuis quelque tems.

( *b* ) Il n'est pas possible de méconnoître
les rapports entre la théocratie et le fanatisme plus que religieux que les apôtres de
la licence , décorée du nom de liberté , ins-
piroient à leurs disciples , sur-tout après que
Robespierre eut reconnu solemnellement
l'Être suprême, non sans espoir et sans projet d'affermir sa domination par une espèce
de patriarchat. Dans les premiers jours de
la société naissante , le tien et le mien n'é-
toient pas connus. Dans les beaux jours des
sociétés populaires , et sur-tout dans celle des
cordeliers , tout discours bien véhément
contre la propriété valoit un brevet de patriotisme à l'orateur.

La théocratie avoit commencé par la terreur , et la terreur étoit la suite du boul-
versement de l'univers. Des scènes de sang
avoient répandu sur la France la stupeur et
l'effroi ; les comités et les tribunaux révolu-
tionnaires firent de l'épouvante l'état habi-
tuel des Français. La théocratie demande
des victimes humaines , et des victimes hu-

maines furent immolées à la divinité farouche de Robespierre. Les théocrates ont perfectionné l'art de varier les supplices. Collot-d'Herbois , Carrier , et tant d'autres , ont enchéri sur eux.

Fille de la théocratie , l'inquisition méconnoît les formes judiciaires. Les accusés de Fouquet-Tinville , étoient encore moins bien traités ; et , lorsque le 9 thermidor sauva la France , il ne restoit plus aux juges qu'à faire eux-mêmes les fonctions de bourreaux.

( c ) Je pense sincèrement que , malgré son immense étendue , ses richesses , son luxe , le caractère de ses habitans , de qui Tacite disoit , qu'ils ne savoient supporter ni l'esclavage , ni la liberté ; malgré l'esprit de licence qui n'est pas éteint , la France peut se soutenir en état de république , et s'élever au plus haut degré de puissance et de bonheur.

Mon opinion n'est dictée, ni par la flatterie , ni par la peur , mais par la persuasion; et je la crois fondée, quoiqu'elle diffère de celle de Platon, d'Aristote , et de tant d'autres philosophes de l'antiquité ; quoiqu'elle

contredise formellement Montesquieu, Ray-
nal, et Boulanger lui-même.

Tous ces auteurs, en déclamant contre le
despotisme et les tyrans, ont posé en principe que, la république ne convient qu'aux
petits états, et que, la monarchie seule,
c'est-à-dire, la monarchie tempérée fait
fleurir, et rend heureuses les grandes nations.

Et que n'ont pas dit, en faveur de la
monarchie, les hommes que le peuple ido-
lâtroit en 1789; quels éloges ne lui a pas
prodigués, et Voltaire qu'on a déïfié, et
jusqu'à Jean-Jacques, si souvent et si mal-
à-propos cité comme l'apologiste du Gouvernement représentatif.

( *d* ) Le gouvernement paroît s'appercevoir que, parmi les soi-disant patriotes
qui prétendent avoir donné des gages à la
révolution, le plus grand nombre lui a au
contraire prêté sur gages, et s'est bien fait
payer.

Il commence aussi à sentir que les moyens
et les hommes qu'on emploie à faire des
révolutions ne sont pas toujours ceux dont
il faut se servir, quand elles sont faites.

C'est ainsi que l'architecte fait disparoître, et les machines qui lui étoient nécessaires pour démolir, et les échafaudages qu'il avoit élevés pour réédifier.


( *e* ) La France, en sept ans, a eu trois constitutions. La première, composée d'élémens hétérogènes, essaya en vain ses forces et sa marche vacillante ; à peine put-elle faire quelques pas sans tomber. La seconde, n'essaya rien ; elle se montra comme l'éclair dont la lueur trompe, elle abusa un moment l'espérance, la terreur se prosterna devant le voile qui la cachoit à tous les yeux, la liberté en déchira les feuillets, l'anarchie combattit pour elle, et la rappelle en rugissant.

La troisième, assise sur des ruines, s'est levée majestueuse, s'est avancée d'un pas ferme, et durera autant que les siècles.

Par elle, la division des pouvoirs, sagement déterminée, assure au peuple l'exercice de sa souveraineté dans les assemblées primaires, aux représentans, la jouissance des droits que la nation leur confie ; au Gouvernement, toute l'unité et l'intensité d'action dont il a besoin.

Des fractions du peuple ne peuvent plus se dire la nation ; des commissaires de l'assemblée n'iront plus déployer le faste et la tyrannie proconsulaire ; l'autorité qui seroit dangereuse entre les mains d'un seul , n'est que protectrice entre celles de cinq hommes dont chacun ne jouit que d'un pouvoir temporaire , et qui , tant qu'ils ne sont pas réunis , ne sont que des citoyens.

Ce qui me paroît assurer la solidité de notre édifice constitutionnel , c'est, qu'en prenant pour base , la puissance démocratique , il s'est donné pour sommet un pouvoir exécutif, physiquement moins dangereux , et métaphysiquement plus inébranlable que celui d'un seul. Mais en voulant perfectionner ses fondemens , ou son faîte , gardons-nous de toucher aux uns , pour les étendre , à l'autre pour le réduire.

Simplifier les loix , rétablir l'ordre dans la comptabilité , voilà, sans doute , ce dont s'occuperont efficacement nos représentans , tandis que le Gouvernement repoussant les soupçons et la flatterie , appellera autour de lui la confiance , les lumières et la vérité.

La responsabilité et la comptabilité ; ces deux garanties , sans lesquelles il n'y a ni liberté , ni finances , sont, il est vrai, établies en principe dans la constitution ; mais, il seroit, je crois, nécessaire de mieux développer , par des loix réglementaires , les moyens d'empêcher l'autorité d'échapper à l'une , et la friponnerie ou le désordre d'éluder l'autre. Le citoyen d'une république n'aime son Gouvernement que lorsque sa personne est bien assurée contre l'arbitraire , et sa bourse contre les vexations. La liberté civile n'est pas moins précieuse à l'homme que la liberté politique.

Je trouve bien dans la constitution que , *nulle autorité ne peut décerner des mandats d'amener ou des mandats d'arrêt, sans être obligée, sous les peines portées contre le crime de détention arbitraire, de renvoyer pardevant l'officier de police , dans le délai de deux jours , pour procéder suivant les loix;*

*Que nul ne peut être distrait des juges que la loi lui assigne.*

Je vois, dans les articles 222 , et suivans, jusqu'aux 253ème , les plus sages réglemens en faveur de la liberté individuelle , et les menaces les plus terribles contre les juges prévaricateurs.

Mais , entre les actes plus ou moins arbitraires par lesquels on peut enfreindre les loix , il y en a de plus ou moins coupables ; et je ne vois qu'une seule et même peine encourue , la forfaiture.

. Si un officier de police arrête , par erreur, un citoyen , et le conduit au bureau-central, si le bureau-central garde , trois cu quatre jours , ce citoyen qui lui aura été amené sans mandat d'arrêt ou d'amener , mettra t-on l'officier de police , et le bureau-central , en état d'accusation ?

Suspendra-t on , traduira-t-on devant la haute-cour de justice , le directoire , s'il a retenu plus de deux jours un prévenu , sans le renvoyer devant l'officier de police , pour procéder suivant la loi ? Et, s'il l'avoit retenu deux ans ? quelle punition plus grave lui infligeroit-on ?

Lorsque les loix sont trop sévères , lors-qu'elles ne nuancent pas les châtimens selon les délits , elles ne sont plus qu'une arme qui se conserve pour la vengeance, et se rouille pour la justice. En outre la loi ne suffit pas sans des moyens sûrs et efficaces de la réclamer.

Si un scélérat habile fait écouter contre un citoyen innocent une dénonciation se-

crète ,

crète, si ce citoyen est illégalement arrêté, si le ministre de la police, si le directoire même prolonge sa détention, en s'écartant des formes prescrites par la loi, quelle voie est ouverte à ce citoyen, pour attaquer sans danger son dénonciateur, démontrer l'illégalité de son arrestation, accuser le ministre et le directoire qui ont enfreint la loi?

Le droit de réclamer seroit illusoire, s'il étoit difficile, ou périlleux de l'exercer.

Des décrets explicatifs mettront sans doute en action, ce que la constitution a consacré en principe.

Elle a aussi prescrit des formes conservatrices à la comptabilité; mais elles ont également le vice de ne pas assez distinguer les délits, de prononcer des peines trop uniformement sévères. Quand des torts sont punis comme des crimes, l'homme sensible répugne à accuser; l'homme qui n'a commis qu'une faute légère, cherche à la couvrir par un délit grave qui peut le mettre à l'abri s'il demeure caché, qui ne l'expose pas à un châtiment plus rigoureux s'il est découvert.

Des restes d'agitation révolutionnaire ont, peut-être encore, ou nécessité, ou justifié,

L

ou servi de prétexte à des infractions à la constitution.

L'analiser, article par article ; développer les germes de perfectibilité qu'elle contient ; particulariser, et appliquer les principes qu'elle consacre : tel est l'ouvrage que quelque citoyen vertueux et éclairé offrira, sans doute, en hommage à sa patrie, quand il sera tems de l'écrire et de le publier.

# DE LA FRANCE,

## En Floréal, An VI.

LES regrets tourmentent, les souvenirs affligent, les réminiscences troublent, l'impression trop long-tems conservée des maux du passé appelle la réaction de l'avenir ; l'esprit de parti repousse l'esprit de concorde, la paix ne règne pas après de longues agitations si les vainqueurs doutent encore de leur triomphe, si les vaincus conservent quelqu'espoir après leur défaite. Le pays où les gouvernans et les gouvernés ne regarderoient pas encore le pouvoir et l'obéissance comme bien affermis, ne sera jamais tranquille. La résistance médite de nouveaux efforts, à mesure qu'on lui laisse appercevoir des craintes, les agitateurs se réveillent et se rassemblent, quand on les ménage au lieu de les mépriser ; les ressorts du Gouvernement se brisent, s'il leur donne une action trop forte et trop continue.

L'oubli, l'oubli seul ferme les cicatrices

du malheur , calme les agitations de l'inquiétude , adoucit les pertes de l'orgueil
abaissé , et modère les prétentions de l'orgueil qui s'élève.

Lorsqu'une révolution est terminée , et si
elle ne l'est pas aussitôt que le Gouvernement est constitué et établi , c'est la faute
de la constitution et du Gouvernement ;
l'histoire de la nation recommence ; le passé
appartient à la curiosité , le présent à la
sagesse qui prépare le bonheur , l'avenir à
la reconnoissance qui en jouira.

Il n'est plus question d'examiner si le
Gouvernement que la France a renversé
étoit bon. Il ne s'agit pas de discuter jusqu'à
quel point celui qu'elle a adopté est meilleur , il faut se réunir autour de lui , l'environner d'obéissance et de lumières , le
forcer pour ainsi dire à développer tout ce
qui peut le perfectionner , à repousser tout
ce qui pourroit y introduire des germes de
corruption. Le Gouvernement royal est le
Gouvernement des hommes. Les maximes
changent avec celui qui s'asseoit sur le
trône , souvent même avec ceux qui siègent
autour de lui. Les plans vastes , dont l'exécution exige de longues années ; le dévelop

pement, de la stabilité, les détails, de la constance, le succès, l'assentiment général, et la confiance publique, y sont rarement proposés, et plus rarement admis.

Le Gouvernement actuel de la France est le Gouvernement des choses. C'est une espèce d'être métaphysique, impassible comme la loi; c'est un centre qui ne doit recevoir que d'elle seule les impulsions du mouvement qu'il est destiné à renvoyer à tous les points de la circonférence.

On ne sait que trop ce que c'est qu'un mauvais roi : j'ignore ce que c'est qu'un mauvais directeur; et s'il y avoit un jour un mauvais directoire, c'est que la constitution ne seroit plus. Il faut qu'elle s'écroule, ou que le directoire soit bon; et il le sera tant que le peuple exercera ses droits, tant que ses représentans rempliront leurs devoirs.

La puissance exécutrice d'une nation libre est plus surveillée que courtisée; l'éclat qui l'environne appartient au corps collectif qui l'exerce, et non aux individus; la vérité a le droit et le devoir de pénétrer dans son enceinte; les dignités, les grandes récompenses , les titres , ne sont plus, ou ne sont pas à sa disposition.

Le régime républicain n'est point fait pour un pays vaste, s'il n'a pas établi un point central où se réunissent toutes les pensées, et d'où partent toutes les actions.

Ce centre absorbera tous les pouvoirs, si on y élève un trône et qu'un homme s'y asseoie.

Il sera la sauve-garde de la liberté, s'il est l'autel dépositaire des tables de la loi, qu'il fera toujours exécuter , et qu'il n'interprétera jamais.

On se préservera du despotisme militaire, cet abîme où s'engloutissent les grandes républiques ;

Si l'armée est sagement organisée ;

Si l'esprit de conservation bannit l'esprit de conquête ;

Si la patrie , en honorant ses défenseurs, leur rappelle sans cesse que la qualité de citoyen est un titre, son exercice un droit, et les fonctions de soldat un devoir ;

Si les autorités civiles et militaires n'oublient jamais que les individus qui composent la force armée ne perdent pas le droit de délibérer ; mais se soumettent à ne pas l'exercer , tant qu'ils sont réunis.

Le Gouvernement représentatif durera autant que les siècles, si les représentans du peuple se pénètrent de toute l'étendue de leurs devoirs !

S'ils se souviennent

Que déléguer ses pouvoirs n'est pas céder son autorité , et que la confiance qui appelle pour un tems à des fonctions augustes ne donne pas des droits permanens ;

Que l'homme vertueux qui accepte une mission honorable , mais pénible , la remplit avec intégrité , pour la quitter sans regrets et sans remords.

La nation sera à jamais libre , heureuse et florissante ;

Si, jalouse de son autorité, elle repousse toute influence ;

Si elle ne choisit, pour la représenter, que des hommes éprouvés , et qui l'auront déjà servie ;

Si elle cherche le mérite qui se rend utile et n'élève pas de prétentions ; les talens qui se montrent et ne s'affichent point ; le patriotisme qui remplit ses devoirs , et ne proclame pas ses titres ; la modestie qui accepte , mais qui ne brigue jamais ; la vertu qui justifie les suffrages, sans en être avide , et qui les repousseroit , s'il falloit pour les obtenir autre chose que les mériter.


F I N.

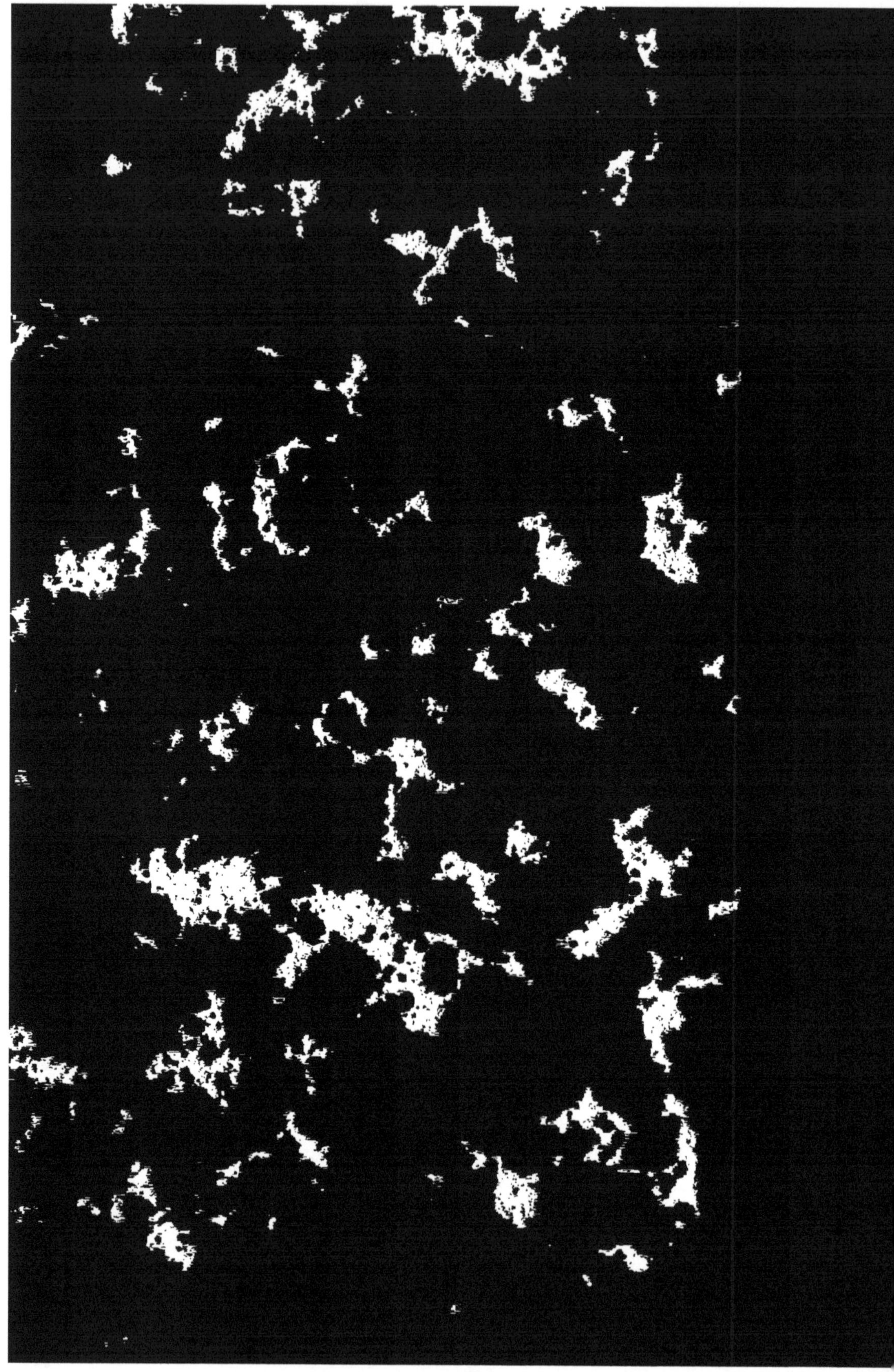

www.ingramcontent.com/pod-product-compliance
Ingram Content Group UK Ltd.
Pitfield, Milton Keynes, MK11 3LW, UK
UKHW022219120726
13694UKWH00002B/610